RACONTE-MOI

LES JEUX OLYMPIQUES DE MONTRÉAL

La collection Raconte-moi *est une idée originale*
de Louise Gaudreault et de Réjean Tremblay.

Éditrice-conseil : Louise Gaudreault
Mentor : Réjean Tremblay
Coordination éditoriale : Pascale Mongeon
Direction artistique : Julien Rodrigue
    et Roxane Vaillant
Illustrations : Josée Tellier
Design graphique : Christine Hébert
Infographie : Chantal Landry
Correction : Odile Dallaserra

Données de catalogage disponibles auprès de
Bibliothèque et Archives nationales du Québec

DISTRIBUTEUR EXCLUSIF :

Pour le Canada et les États-Unis :
MESSAGERIES ADP inc.*
2315, rue de la Province
Longueuil, Québec J4G 1G4
Téléphone : 450-640-1237
Télécopieur : 450-674-6237
Internet : www.messageries-adp.com
* filiale du Groupe Sogides inc.,
  filiale de Québecor Média inc.

03-16

Imprimé au Canada

Dépôt légal : 2016
Bibliothèque et Archives nationales
du Québec

ISBN 978-2-89754-042-5

Gouvernement du Québec – Programme de crédit
d'impôt pour l'édition de livres – Gestion SODEC –
www.sodec.gouv.qc.ca

L'Éditeur bénéficie du soutien de la Société de
développement des entreprises culturelles du

Conseil des Arts   Canada Council
du Canada   for the Arts

Nous remercions le Conseil des Arts du Canada de
l'aide accordée à notre programme de publication.

Nous reconnaissons l'aide financière du
gouvernement du Canada par l'entremise du Fonds
du livre du Canada pour nos activités d'édition.

Jean-Patrice Martel

RACONTE-MOI
LES JEUX OLYMPIQUES DE
MONTRÉAL

petit homme
Une société de Québecor Média

PRÉAMBULE

Nous sommes le samedi 17 avril 1976 à Montréal. Exactement trois mois avant la cérémonie d'ouverture des Jeux de la XXIe olympiade. C'est la première fois que les Jeux olympiques (J.O.) auront lieu au Canada. En ce week-end de Pâques, le public a droit à deux « journées portes ouvertes » au Parc olympique, encore en chantier.

Des liaisons d'autobus ont été ajoutées pour l'occasion, car les nouvelles stations de métro qui desserviront le Parc olympique n'ouvriront qu'en juin, à peine un mois avant le début des Jeux.

Un ado de 15 ans, accompagné de son père, descend d'un de ces autobus. Depuis qu'il a 9 ans, ce jeune visiteur entend parler des futurs Jeux olympiques de Montréal. Il adore le sport et il a vraiment hâte de voir toutes ces compétitions qui auront lieu presque dans sa cour.

Peu après, il se promène dans le stade, qu'il trouve immense avec ses 75 000 sièges ! La construction n'en est pas terminée et il faut même marcher sur des planches pour éviter d'avoir de la boue sur ses chaussures. Pourtant, même inachevé, le stade est extrêmement impressionnant.

Fasciné, le garçon découvre ensuite le vélodrome et sa grande piste ovale aux virages inclinés, où seront disputées les compétitions de cyclisme. Il a pu lire dans les journaux que ce sera la première fois qu'un vélodrome olympique aura un toit. Lors des J.O. précédents, les compétitions ont toujours eu lieu sur des pistes extérieures.

L'adolescent et son père se retrouvent ensuite devant la piscine olympique, déjà terminée. Pour le moment, il n'y manque que l'eau. Par contre, on a rempli le bassin de plongeon, juste à côté, exprès pour ces journées très spéciales. Le jeune visiteur peut presque imaginer les plongeurs et plongeuses s'élancer des tremplins ou du haut de la tour et fendre l'eau après leurs incroyables acrobaties aériennes. Il a tellement hâte au début des épreuves !

À la fin de la visite, on remet à chacun un certificat Visiteur du premier jour offert par la station de radio CKAC. Mais les plus beaux souvenirs de cet ado, ce seront les performances sportives que ces Jeux olympiques offriront au monde, trois mois plus tard.

Il y découvrira de grands champions : la magnifique gymnaste Nadia Comaneci qui deviendra la « reine des Jeux » ; le décathlonien Bruce Jenner qui sera couronné du titre d'athlète le plus complet au monde ; le sauteur en hauteur Greg Joy qui sera le héros canadien de ces Jeux ; et bien d'autres encore...

Voici l'histoire de deux semaines inoubliables durant lesquelles les Montréalais — et le monde entier — ont vécu toute la gamme des émotions en admirant les prouesses de grands athlètes olympiques. À ce jour, il s'agit de la plus extraordinaire quinzaine sportive de l'histoire du Canada.

QUE LES JEUX DE MONTRÉAL COMMENCENT!

Depuis 1936, tous les Jeux olympiques débutent de la même façon, au même endroit. Les Jeux de Montréal ne feront pas exception. Le cérémonial se met en branle le 13 juillet 1976, à Olympie, en Grèce, sur le site des Jeux antiques, quatre jours à peine avant la cérémonie d'ouverture à Montréal. L'actrice classique Maria Moscholiou, qui incarne une prêtresse de l'Antiquité, s'approche d'un miroir parabolique qui reçoit les rayons du soleil et les concentre. Le flambeau qu'elle porte s'embrase alors, et la flamme des Jeux olympiques de Montréal est allumée.

La grande prêtresse remet alors le flambeau au premier porteur, qui parcourt le premier kilomètre du voyage de la flamme. Cette mise en scène a lieu tout près de la stèle où est conservé le cœur de Pierre de Coubertin, fondateur des Jeux olympiques modernes.

Les coureurs se relaient et chacun parcourt un kilomètre avant de transmettre la flamme au suivant. Au bout de 36 heures, la flamme s'arrête pour la nuit dans la ville de Nauplie. Le lendemain, elle repart pour Athènes et, à 21 h 36, elle entre dans le Stade panathénaïque, utilisé lors des premiers Jeux olympiques modernes, en 1896.

Le drapeau olympique est hissé et un chœur entonne l'hymne olympique. Suivent les hymnes nationaux de la Grèce et du Canada, en présence des représentants des deux pays.

À 21 h 50, l'athlète canadienne d'origine grecque, Angela Simota, prend le flambeau, salue la foule et présente la flamme à un dispositif qui détecte le feu. Un système transmet un signal par satellite et actionne un rayon laser qui se trouve à Ottawa, sur la colline parlementaire. Le laser allume instantanément la vasque vers laquelle il est dirigé. Pour la première et seule fois de l'histoire, la flamme olympique a été transmise électroniquement. À 14 h 50, heure locale, la flamme peut reprendre son périple au Canada.

Les Canadiens qui regardent la cérémonie à la télé ont pu voir, sur écran divisé, la flamme à Athènes déclenchant le signal et celle à Ottawa qui s'allume grâce à lui. Cela peut sembler simple comme tout, mais il s'agit d'une prouesse technique admirable pour l'époque. En effet, les signaux de télévision de la Grèce (en noir et blanc) sont incompatibles avec ceux du Canada. Heureusement, les techniciens de Radio-Canada ont trouvé une solution à cette difficulté.

***

En attendant la flamme à Montréal, les organisateurs ont d'énormes soucis. La majorité des pays africains exigent que la Nouvelle-Zélande soit exclue des Jeux olympiques. Pourquoi ? Parce qu'une équipe de rugby de ce pays a entamé une tournée en Afrique du Sud, pays de l'apartheid.

L'apartheid est une politique raciste selon laquelle les Blancs et les Noirs doivent vivre séparément. En Afrique du Sud, à cette époque, les Noirs ont très peu de droits comparativement aux Blancs. Nelson Mandela, victime de la répression, passera 27 ans en prison, avant de devenir le premier président noir du pays, en 1994. En 1976, l'apartheid est tellement inacceptable que l'Afrique du Sud n'a même pas le droit de participer aux Jeux olympiques. À cause du racisme qui sévit dans ce pays et en Rhodésie (aujourd'hui le Zimbabwe), ces deux États ont été exclus du mouvement olympique.

Deux jours avant les cérémonies d'ouverture, treize pays africains exigent donc l'exclusion de la Nouvelle-Zélande. Le Comité international olympique (CIO) proteste, disant que le rugby n'est pas un sport olympique et que la tournée des Néo-Zélandais n'a donc aucun rapport avec les J.O. Mais rien n'y fait : on n'arrive pas à s'entendre.

Au bout du compte, seuls deux pays africains restent aux Jeux : le Sénégal et la Côte-d'Ivoire.

Tous les autres partent et les athlètes vivent une immense déception. Un Kényan dit : « Nous sommes si déçus ! Ils nous prennent quatre ans de notre vie. » Certains pays quittent même les Jeux après le début des compétitions. Trois nageurs tunisiens ont la chance de participer à leur épreuve avant que leur délégation ne plie bagage. Et l'équipe de basket-ball d'Égypte dispute un match avant de rentrer chez elle.

Par ailleurs, Taïwan souhaite concourir (comme d'habitude) sous le nom de « République de Chine », mais le Canada ne reconnaît pas l'existence de Taïwan en tant que pays. On propose un compromis à la délégation, mais les Taïwanais refusent et rentrent aussi chez eux.

Finalement, 93 pays sont présents aux cérémonies d'ouverture et 92 participeront aux compétitions. C'est le plus petit nombre de pays aux Jeux depuis 1960.

***

Après son arrivée au Canada, la flamme olympique passe sa première nuit à Montebello, à 130 kilomètres à l'ouest de Montréal. Le lendemain, la seconde étape se termine sur le mont Royal. Un relayeur affirme : « J'avais l'impression de voler. Mes pieds touchaient à peine le sol ! » La plupart des relayeurs ont été choisis par tirage au sort, après avoir soumis leur candidature par la poste. La principale exigence est de pouvoir courir un kilomètre en moins de cinq minutes.

Sur la montagne, le dernier relais est assuré par Kathy Kreiner. Plus tôt dans l'année, elle a remporté une médaille d'or en ski pour le Canada, aux Jeux d'hiver d'Innsbruck, en Autriche. Le flambeau passe ensuite du maire de Montréal, Jean Drapeau, au marathonien Gérard Côté qui avait participé aux Jeux olympiques de Londres en 1948. Côté allume l'urne olympique et la flamme brûle toute la nuit au pied de la croix du mont Royal, créant une image magnifique pour ceux qui admirent la montagne ce soir-là.

Le samedi 17 juillet a enfin lieu la cérémonie d'ouverture. Les avions des Snowbirds des Forces canadiennes survolent le Stade olympique et on annonce l'arrivée de la reine Élisabeth II. Chef d'État du Canada, c'est elle qui proclamera les Jeux ouverts. Pas très populaire au Québec, elle a droit à des applaudissements polis.

Devant plus de 70 000 spectateurs, le défilé des pays commence avec la Grèce, pays d'origine des Jeux olympiques, et se poursuit ensuite par ordre alphabétique. Les athlètes israéliens sont accueillis chaleureusement. Les spectateurs se rappellent les Jeux précédents, à Munich, en 1972. Un commando terroriste palestinien avait assassiné onze membres de l'équipe olympique d'Israël.

Les rares pays africains qui n'ont pas quitté le Canada ont aussi droit à des applaudissements nourris, pour les remercier d'être restés. Mais la plupart repartiront dans les jours suivants. La plus belle ovation est évidemment réservée aux 391 athlètes canadiens qui ferment ce défilé d'une heure et demie. Tout au long de celui-ci, on a entendu une musique inspirée de l'œuvre du compositeur québécois André Mathieu et adaptée par le célèbre jazzman montréalais Vic Vogel.

Cet événement historique, qui prend place dans ce stade tout neuf et bien impressionnant, est retransmis à travers le monde. Les Québécois sont très heureux d'en faire partie. Lors des discours officiels, le maire Drapeau est le plus applaudi. Puis, lorsque la reine proclame les Jeux ouverts, on hisse le drapeau olympique pendant que joue l'hymne olympique.

La fête continue avec des danseurs bavarois représentant l'Allemagne, où les Jeux précédents ont eu lieu. Ils sont rejoints par la troupe québécoise de danse folklorique, Les Sortilèges, qui danse sur des airs populaires comme *Auprès de ma blonde* et *Vive la compagnie!* À la fin, Allemands et Canadiens dansent tous ensemble. Un spectaculaire ballet gymnique de plus de 1 000 jeunes filles et garçons leur succède.

Peu après, la flamme olympique arrive enfin. En général, elle est portée par un athlète célèbre du pays hôte, mais pas cette fois. Deux adolescents, le Montréalais Stéphane Préfontaine et la Torontoise Sandra Henderson, entrent dans le stade, portant ensemble le flambeau olympique. Ils ont dû s'entraîner très sérieusement pour arriver à courir à la même vitesse, car Préfontaine est beaucoup plus grand que Henderson. Ensemble, ils allument la vasque olympique.

L'haltérophile québécois Pierre Saint-Jean prête le serment des athlètes, s'engageant à respecter les règles « dans un esprit de sportivité, pour la gloire du sport et l'honneur de nos équipes ». Juge en athlétisme, Maurice Forget prononce le serment des juges qui promettent de remplir leurs fonctions « en toute impartialité ».

L'hymne national canadien retentit une dernière fois. Les athlètes quittent le stade sous les applaudissements du public qui n'est pas pressé de partir. Le sauteur québécois Robert Forget avoue, très simplement : « Moi, c'est pas mêlant, j'ai

braillé. » Il n'est pas le seul. Les spectateurs auraient voulu que ces moments magiques durent encore bien longtemps. Les athlètes, eux, ressentent certainement une pointe de fébrilité. Demain, les compétitions commencent !

2

GYMNASTIQUE –
NADIA, LA REINE DES JEUX

Le sport le plus populaire des Jeux olympiques d'été est certainement la gymnastique. Son aspect artistique attire un public que bien d'autres sports lui envient. C'est la gymnastique qui a les meilleures cotes d'écoute à la télé, comme le patinage artistique aux Jeux d'hiver. On réserve donc à ce sport le plus grand site couvert disponible, le Forum, domicile habituel du Canadien, le club de hockey de Montréal.

La gymnastique commence le premier jour des épreuves. Dès l'aube, le dimanche matin, les gens se pressent aux abords du Forum pour voir les vedettes de leur sport favori. Lors des deux jours précédents, plus de 30 000 admirateurs enthousiastes ont pu assister aux entraînements.

Ceux qui suivent ce sport se rappellent les exploits d'Olga Korbut, quatre ans plus tôt, à Munich. Ils espèrent revoir sa grâce et sa souplesse qui avaient charmé autant les juges que les simples amateurs. Elle a maintenant 21 ans, mais semble beaucoup plus jeune, notamment grâce à sa petite taille. Par contre, la renommée de Nadia Comaneci s'est déjà étendue au Canada. On prédit un triomphe à cette Roumaine à qui les parents ont donné un prénom russe.

L'équipe canadienne féminine a des ambitions modestes. Une des meilleures Canadiennes est la Torontoise Lise Arsenault, autrefois de Montréal. Malheureusement, elle s'est blessée à la cheville à son dernier entraînement avant les Jeux. Cette blessure l'empêchera de montrer tout son talent.

L'URSS domine la gymnastique féminine depuis toujours, semble-t-il. L'URSS, ou « Union soviétique », est un ancien pays qui a, depuis, été divisé en une quinzaine de pays, dont la Russie. On appelle les citoyens de l'URSS les « Soviétiques ». Outre Olga Korbut, il y a aussi

Ludmilla Tourischeva et Nelli Kim qui sont très fortes.

Le premier jour, on assiste aux exercices imposés. Toutes les concurrentes effectuent exactement les mêmes mouvements aux quatre agrès (appareils) : saut de cheval, barres asymétriques, poutre et sol. À la fin de la journée, les spectateurs connaissent ces mouvements par cœur. Ils peuvent aussi fredonner la musique des exercices au sol, car ils l'ont entendue près d'une centaine de fois !

L'exploit de la journée se produit aux barres asymétriques. Nadia s'élance et enchaîne les mouvements : rotations, lâchers, reprises. Tout est exécuté sans faille. La foule est subjuguée par son assurance. Si petite encore, à 14 ans, elle surpasse néanmoins toutes les gymnastes qui ont bien plus d'expérience qu'elle. On dit que la perfection n'est pas de ce monde, mais qui pourrait trouver le moindre défaut à la performance de Nadia ?

À la télé, le commentateur Raymond Lebrun et l'analyste Nicole McDuff se mettent à rêver au résultat que cette performance pourrait lui valoir. On a beau savoir qu'il est impossible d'attribuer une note parfaite, il est tout aussi impossible de déceler la moindre faute dans l'enchaînement auquel on vient d'assister.

Le pointage se fait attendre un peu plus que d'habitude ; les spectateurs ont les yeux rivés sur le tableau indicateur. Lorsque la note de « 1.00 » apparaît, Mme McDuff n'a pas le moindre doute et crie : « DIX ! » Le tableau ne pouvait pas afficher 10, alors il a affiché 1. Mais tout le monde a compris et aussitôt un tonnerre d'applaudissements remplit le Forum. La foule exulte devant ce résultat inédit. Aujourd'hui, la perfection a un nom : Nadia Comaneci.

Le deuxième jour, on termine l'épreuve par équipes, avec les exercices « à volonté ». Chaque athlète exécute sa propre chorégraphie sur chaque agrès. Très sûre d'elle, Nadia affirme que les barres asymétriques sont son appareil préféré. « Je peux y faire des choses difficiles que les autres sont incapables de faire », affirme-t-elle.

Ce n'est pas de la vantardise. En ce lundi soir, Nadia fait encore mieux que la veille. À la poutre, l'étroitesse (10 cm) de l'appareil ne lui cause aucun souci : elle y obtient une autre note parfaite. Quelques minutes plus tard, aux barres asymétriques, un troisième dix !

Les Soviétiques remportent le concours par équipes, mais Nadia leur vole la vedette avec ses performances exceptionnelles. C'est d'ailleurs elle qui a le meilleur résultat cumulatif, ce qui lui donne déjà l'avance pour le concours individuel.

Après le concours par équipes, on passe au concours multiple individuel. Le but est de désigner les gymnastes les plus complètes. Chaque athlète refait le même exercice libre que lors du deuxième jour de compétition, parfois avec des résultats différents. Mais pas Nadia ! Dominante, la Roumaine obtient encore des notes parfaites à la poutre et aux barres asymétriques. Elle remporte le concours multiple individuel devant Nelli Kim et Ludmilla Tourischeva. Kim obtient une note parfaite au saut de cheval. Mais dans les journaux du lendemain on en parle à peine, tellement Nadia monopolise l'attention.

Il reste encore les finales individuelles aux engins. D'une valeur de 20 $, les billets pour voir Nadia se revendent 200 $. On peut trouver que ce n'est pas cher pour voir la perfection, mais, à l'époque, cette somme représente tout de même le prix moyen d'un mois de loyer…

Nadia reprend pour la troisième fois ses enchaînements et obtient encore des notes parfaites à la poutre et aux barres asymétriques. Nelli Kim obtient une note parfaite au sol, mais, encore une fois, l'ouragan Nadia la laisse un peu dans l'ombre.

Olga Korbut ne remporte qu'une médaille individuelle, d'argent, à la poutre. Mais la foule lui rend hommage lorsqu'elle monte sur le podium. Elle a droit à une forte ovation des gens qui ont admiré sa superbe carrière.

Nadia méritait-elle ses notes parfaites? Une juge de l'époque a répondu à la question en 2012 : « Ses exercices étaient tellement plus difficiles que ceux des autres concurrentes qu'elle aurait mérité des notes de onze ou douze ! »

En à peine quatre jours, Nadia Comaneci est devenue la reine des Jeux de Montréal. Ayant indiqué qu'elle aime les poupées, elle en reçoit plus d'une centaine. Sa popularité est telle que de nombreuses Québécoises nées dans l'année qui suit sont prénommées Nadia. L'une d'elles racontera à *La Presse*, en 2006, qu'à l'école primaire, il y avait trois autres Nadia dans sa classe !

***

Chez les hommes, l'équipe japonaise est la favorite. Elle a remporté l'or du concours par équipes aux quatre Jeux olympiques précédents. Mais, pas de chance, Shigeru Kasamatsu, sa grande vedette, est hospitalisé dès son arrivée à Montréal : crise d'appendicite ! Le pauvre devra suivre la compétition de sa chambre d'hôpital.

La gymnastique masculine compte six agrès, soit deux de plus que chez les dames. Il y a les exercices au sol, le cheval d'arçons, les anneaux, le saut de cheval, les barres parallèles et la barre fixe. Certains des exercices, comme les anneaux, exigent une très grande force physique.

À la fin de la première journée, l'URSS devance le Japon d'un demi-point. Cela se rattrape, mais la malchance frappera encore l'équipe japonaise.

Au deuxième jour, Shun Fujimoto, déjà blessé, entend un craquement dans son genou lors de l'épreuve des anneaux. En fin d'exercice, il atterrit avec courage sur ses deux pieds et garde son équilibre. Il obtient une très bonne note de 9,70, mais sa rotule est brisée et ses ligaments sont déchirés. Sa compétition et même sa carrière sont terminées.

Les Japonais doivent continuer à cinq. Normalement, lors du concours par équipes, on ne tient pas compte de la moins bonne note de chaque pays à chaque appareil. Mais, sans Fujimoto, toutes les notes comptent désormais pour le Japon.

Aux anneaux, trois Soviétiques obtiennent l'excellente note de 9,90. Après eux, le Japonais

Sawao Kato fait mieux qu'eux, mais n'obtient que 9,80. La foule du Forum est furieuse et hue les juges. Les huées sont si fortes que quelques agents de sécurité se pointent le nez, mais que peuvent-ils faire?

Le président de la Fédération internationale de gymnastique, très fâché, réprimande longuement le juge soviétique qui a donné une note médiocre à Kato.

À partir de ce moment, les spectateurs manifestent bruyamment en faveur des Japonais et contre les Soviétiques. Les juges, peut-être intimidés, se mettent à donner de meilleures notes aux Japonais. Au bout du compte, l'équipe nipponne arrache la médaille d'or par une minuscule marge : tout juste 0,80 point d'avance, sur près de 300!

Le concours multiple individuel ne donne pas lieu à autant d'émotions chez les messieurs que chez les dames. Le Soviétique Nikolai Andrianov devance les Japonais Kato et Tsukahara sur le podium, mais les amateurs semblent être restés sur leur faim. Les éblouissantes performances des gymnastes féminines les ont peut-être épuisés. Avec d'autres excellentes performances aux finales par appareil, Andrianov quitte les Jeux avec sept médailles, dont quatre d'or. Mais c'est de Nadia que tout le monde se souvient aujourd'hui.

3

OBTENIR LES JEUX –
PAS FACILE !

En 1970, le maire de Montréal s'appelle Jean
Drapeau. Il est extrêmement populaire, ayant à son
crédit la construction du métro et de la Place des
Arts, ainsi que l'organisation d'Expo 67, une exposition universelle ayant enregistré plus de 50 millions
de visites. Sa plus récente réalisation est d'avoir
amené à Montréal une équipe du baseball majeur,
les Expos, alors que plusieurs autres villes, dont
Buffalo et Toronto, étaient aussi sur les rangs.

Drapeau est un homme qui voit grand et qui ne
recule devant aucun défi. Un de ses rêves est d'ac-
cueillir les Jeux olympiques dans « sa » ville. Quatre
ans auparavant, en 1966, il avait fait une première
tentative pour obtenir les Jeux olympiques de 1972.
À cette époque, on désignait les villes hôtesses six
ans avant les Jeux, pour leur donner le temps de se
préparer. Depuis 1981, c'est sept ans.

Mais c'est Munich, en Allemagne de l'Ouest, qui organisera les Jeux de 1972. Le maire Drapeau est déçu, mais reste optimiste : « Nous avons bien essayé. Dans cette compétition, il ne peut y avoir qu'un vainqueur. Nous espérons y arriver la prochaine fois. »

Ce n'était pas la première fois que Montréal tentait d'obtenir les Jeux olympiques. Déjà, en 1929, la métropole canadienne est candidate pour l'organisation des Jeux de 1932, mais les Jeux d'hiver ! La tentative n'est pas fructueuse, pas plus qu'une autre, quatre ans plus tard.

Montréal essaie à nouveau en 1939, toujours sans succès, pour les Jeux d'hiver de 1944. Ces Jeux n'ont pas eu lieu, à cause de la Seconde Guerre mondiale. Nouvel essai en 1949, pour les Jeux d'hiver de 1956. Nouvel échec.

Malgré tout, le maire Drapeau est optimiste ! Après l'échec de 1966, il soumet de nouveau la candidature de Montréal en 1970 pour les Jeux d'été de 1976. Les adversaires sont de taille : Los

Angeles, aux États-Unis, et Moscou, la capitale de l'URSS.

On croit peu aux chances de Montréal : Moscou semble le choix le plus probable. Radio-Canada n'envoie même pas d'équipe de reportage couvrir le vote du CIO. Grand passionné de l'olympisme, le journaliste Richard Garneau propose de s'y rendre à ses frais. Radio-Canada accepte, à condition que la finale de la coupe Stanley soit terminée, car Garneau y travaille.

La série devrait se terminer le jour même où Garneau doit prendre son avion. Le match va en prolongation, mais Bobby Orr marque le but gagnant après 40 secondes. Le journaliste peut attraper son vol. Ouf !

Au premier tour du vote, Moscou devance Montréal par trois votes. Los Angeles, troisième, est éliminée. Au second tour, ceux qui avaient préféré Los Angeles votent pour Montréal, lui donnant une nette majorité. En entendant le nom de leur ville, les membres de la délégation montréalaise explosent de joie, tout le monde se fait l'accolade. Le maire Drapeau arbore un large sourire !

Il tient aussi à donner sa première entrevue à Richard Garneau, mais celui-ci n'a pas d'équipement. Les deux hommes se rendent donc à une cabine téléphonique. Garneau pose les questions en parlant dans le téléphone, puis passe l'appareil à Drapeau pour la réponse. Pendant ce temps, les autres équipes de reportage, avec caméras et liaisons satellites, attendent patiemment...

Ce n'est que deux ans plus tard que l'on dévoile l'aspect du Stade olympique, du vélodrome et de la piscine, tous conçus par l'architecte français Roger Taillibert. Le maire Drapeau est un grand admirateur de la France et de tout ce qui est français. D'ailleurs, le métro de Montréal utilise une technologie française. Taillibert a précédemment conçu le Parc des Princes, le plus grand stade de la région parisienne à l'époque. On ne s'étonne pas que le Stade olympique de Montréal lui ressemble un peu.

Le 22 août 1972, le logo officiel des Jeux est présenté au public. Œuvre du designer Georges Huel, il montre les cinq anneaux olympiques surmontés d'un podium stylisé qui représente aussi la lettre « M », initiale de « Montréal ». On y distingue aussi une piste d'athlétisme.

Moins d'un mois plus tard, le Comité organisateur des Jeux olympiques (COJO) est officiellement créé. Il aura la responsabilité d'organiser les Jeux.

Les travaux ne commencent qu'en avril 1973. Il reste à peine trois ans avant le début des Jeux. Les retards s'accumulent à cause de la complexité des plans de l'architecte et de nombreuses grèves chez les ouvriers. Les craintes d'un énorme déficit se précisent : ces Jeux risquent de coûter beaucoup plus cher qu'ils ne rapporteront.

Quelques mois auparavant, le 29 janvier 1973, des journalistes avaient interrogé le maire Drapeau au sujet d'un déficit possible. Une de ses réponses passe à l'histoire : « Il est aussi impossible pour les Jeux d'avoir un déficit que pour un homme d'avoir un bébé. »

En 1975, les syndicats de la construction brandissent la menace d'une grève générale dans tout le Québec, qui stopperait tous les travaux sur les sites olympiques. Selon certaines rumeurs, les J.O. pourraient être retardés jusqu'en 1977. Le CIO annonce qu'il n'en est pas question. Inquiet, il contacte les autorités de Mexico, où s'étaient tenus les Jeux de 1968. On leur demande si la ville pourrait organiser les Jeux en un an.

À la mi-novembre, le gouvernement québécois prend en charge les travaux de construction sur les sites des Jeux. La Ville de Montréal n'est donc plus responsable de cette question. Drapeau n'est pas content, mais n'y peut rien. Deux semaines plus tard, le maire dit à la télé que les grèves doivent cesser, sinon les installations ne seront pas prêtes à temps. « Les yeux du monde entier sont sur nous », déclare-t-il. Il y aura malgré tout encore des arrêts de travail.

Au début de 1976, le CIO est très inquiet devant le retard des travaux. Heureusement, le responsable du comité organisateur des Jeux de Mexico, Pedro Ramírez Vázquez, assure au CIO que les installations montréalaises seront prêtes à temps. Et elles le sont. La tour inclinée du stade n'est pas terminée, mais ce n'est pas grave : de toute façon, il est interdit d'avoir un stade couvert aux Jeux olympiques. On finira la tour et le toit après les Jeux.

Tous les soucis ne sont pas disparus pour autant. En plus des crises déjà mentionnées à cause des différents boycotts, il y a aussi plusieurs grèves et débrayages qui semblent tous se produire au moment où les Jeux se mettent en branle. Malgré tous ces contretemps, les J.O. de Montréal débutent à temps. Tout un exploit !

Anecdote étonnante : c'est la première fois que le maire qui était en poste au moment où les Jeux olympiques ont été attribués à sa ville, le soit toujours au moment de la cérémonie d'ouverture. Lorsque Jean Drapeau reçoit le drapeau olympique des mains du maire de Munich, la foule lui accorde une immense ovation qui le remplit de bonheur. « Nous avons réussi ! » se dit-il à ce moment.

4

NATATION – LE CANADA FAIT LE PLEIN DE MÉDAILLES

Avec la gymnastique, l'autre sport « majeur » qui commence dès le premier jour des Jeux, c'est la natation. Pendant huit jours, on verra les meilleurs nageurs et plongeurs à la piscine olympique.

La natation porte les plus grands espoirs de médailles pour le Canada. Le pays hôte est compétitif dans plusieurs épreuves et on lui prédit beaucoup de succès, surtout chez les dames. D'autres pays sont tout de même très dominants : les États-Unis, l'Union soviétique et l'Allemagne de l'Est qu'on appelle aussi RDA (République démocratique allemande).

À la veille des premières épreuves, la Montréalaise Anne Jardin affirme que si son équipe de relais n'obtient pas une médaille dès le premier jour, ce sera une déception. La nageuse doit prendre le dernier relais, en nage libre, dans la finale du 4 × 100 mètres quatre nages.

Après s'être facilement qualifiée le dimanche matin, l'équipe canadienne prend le départ de la finale, le soir. La première étape se fait sur le dos et c'est Wendy Hogg qui parcourt les premiers 100 mètres. Puis la minuscule Robin Corsiglia prend la relève à la brasse et parvient à dépasser l'Américaine Lauri Siering. Après 200 mètres, le Canada est deuxième grâce à une athlète de Beaconsfield qui n'aura 14 ans que deux semaines après les Jeux.

Après Susan Sloan en papillon, le Canada est de nouveau troisième. Les espoirs reposent donc sur Anne Jardin. Elle fait une course intelligente, ne s'épuisant pas à essayer de dépasser l'Américaine Shirley Babashoff, une des meilleures nageuses au monde. Jardin s'assure de rester près de Babashoff et finit huit dixièmes de seconde devant la nageuse soviétique.

Première médaille pour le Canada, médaille de bronze! Jardin est soulagée. Moins d'une heure auparavant, elle avait tout juste raté sa qualification pour la finale du 100 mètres nage libre. Cela l'avait déprimée et elle pensait même que l'entraîneur la remplacerait par une autre nageuse dans le relais. Mais il lui a fait confiance, et avec raison.

Le lendemain, lundi, on a la confirmation de ce dont on se doutait. La RDA domine complètement la compétition chez les dames. Dans une finale, ce pays remporte les trois médailles. Dans l'autre, il remporte l'or et l'argent. Kornelia Ender gagne le 100 mètres nage libre, déjà sa deuxième médaille d'or, après le relais de la veille.

On a droit à une surprise, le mardi, alors que la Canadienne Shannon Smith décroche une médaille inattendue, le bronze, au 400 mètres nage libre.

Le mercredi, le Canada a trois finalistes dans une épreuve, c'est du jamais vu. À la fin du 100 mètres dos, Nancy Garapick a décroché la médaille de bronze, et les deux autres Canadiennes, Wendy Hogg et Cheryl Gibson, finissent en quatrième et cinquième place. Sans surprise, ce sont des

Est-Allemandes qui obtiennent les deux premières médailles.

Les Est-Allemandes vont presque tout rafler à Montréal en natation féminine : 11 des 13 médailles d'or, six médailles d'argent et une de bronze. Comment font-elles ? L'Américaine Shirley Babashoff, qui cache mal sa déception, critique leurs méthodes d'entraînement. Elle dit que ces nageuses ressemblent à des hommes parce qu'elles font énormément de musculation, en particulier de l'haltérophilie. Si ce n'était que cela...

On s'en doute déjà à l'époque, mais on aura les preuves après la fin du communisme en Europe, en 1989. La RDA s'est dotée d'un programme très officiel, le « Plan d'État 14.25 ». Ce plan indique qu'il faut utiliser le dopage de façon systématique pour multiplier les succès sportifs dans les compétitions internationales. Ce ne sont pas seulement les athlètes olympiques qui sont obligés de s'y soumettre. D'autres athlètes servent de cobayes aux expérimentations avec les diverses drogues.

Alors, comme on est au courant de ces méthodes aujourd'hui, pourquoi n'a-t-on pas, depuis, retiré aux nageuses est-allemandes leurs médailles? La vérité, c'est que cela serait presque aussi injuste que les victoires qui leur ont donné ces médailles. Ces athlètes étaient dopés à leur insu à partir d'un très jeune âge. Plusieurs en ont d'ailleurs souffert par la suite, en développant des problèmes de santé, ou en mettant au monde un enfant handicapé. Réparer l'injustice aussi tard serait presque en commettre une autre.

Le jeudi, Kornelia Ender, encore elle, réalise tout un exploit: deux médailles d'or individuelles à 26 minutes d'intervalle seulement! Une au 100 mètres papillon et l'autre au 200 mètres nage libre.

Jean-Maurice Bailly décrit les épreuves de natation. Il a longtemps été analyste à *La Soirée du hockey*. Il déborde d'enthousiasme, peu importe qui gagne. Quand un record mondial est établi, il hurle dans le micro: «ET C'EST UN NOUVEAU RECORD... MONDIAL!» À Montréal, il pourra lancer ce cri 27 fois!

Le samedi, on a droit à la meilleure performance canadienne : deux médailles dans la même épreuve ! Au 400 mètres quatre nages, trois Canadiennes s'étaient qualifiées pour la finale, comme le mercredi. Mais, cette fois, deux d'entre elles montent sur le podium. Cheryl Gibson obtient la médaille d'argent et Becky Smith, celle de bronze.

Le dimanche 25 juillet est le dernier jour des épreuves de natation. Le Canada finit en beauté avec deux autres médailles. Au 200 mètres dos, Nancy Garapick répète son exploit du mercredi et décroche une autre médaille de bronze. Elle sera la seule athlète du Canada à gagner deux médailles individuelles aux Jeux de Montréal.

Puis, au relais 4 × 100 mètres nage libre, le Canada décroche la dernière médaille de la natation. Les quatre nageuses de la finale sont Gail Amundrud, Barbara Clark, Becky Smith et Anne Jardin. Debbie Clarke, qui avait pris part aux qualifications, reçoit aussi une médaille. Pour Clarke, Smith et Jardin, c'est une seconde médaille.

***

La natation masculine commence par une énorme déception. Aux qualifications du 4 × 200 mètres nage libre, le troisième relayeur, Stephen Pickell, part beaucoup trop tôt. L'équipe canadienne est disqualifiée. Elle était pourtant très forte et aurait pu se qualifier facilement sans prendre de risque. C'est d'autant plus triste que Pickell peut espérer gagner d'autres médailles, mais pas ses trois partenaires.

Le lundi, ce sont les Américains qui dominent. John Naber obtient deux médailles : une d'or et une d'argent. Jim Montgomery, lui, remporte la première de ses quatre médailles. On reverra très souvent ces deux-là sur le podium.

Le lendemain, au 100 mètres brasse, tous les yeux sont tournés vers Graham Smith, frère de Becky. On estime que cette épreuve est le meilleur espoir canadien de médaille d'or à ces Jeux, tous sports confondus. L'histoire de Smith est touchante : son père se meurt d'un cancer et il veut remporter une médaille pour l'aider à supporter ses souffrances.

Hélas ! Smith est tellement stressé qu'il ne suit pas du tout sa stratégie. Il dit lui-même qu'il a « nagé avec rage plutôt qu'avec logique ». Il finit au pied du podium, ratant la médaille de bronze par seulement trois centièmes de seconde. Il lui reste tout de même deux autres épreuves.

Le jeudi, le Canada remporte la médaille d'argent au relais 4 × 100 mètres quatre nages. Ce sera la seule médaille des nageurs masculins canadiens à Montréal.

Dans le relais précédent, Stephen Pickell avait plongé trop tôt et bousillé les chances du Canada. Cette fois-ci, pas de risque : il est le premier à partir ! Après lui s'élancent Graham Smith, qui peut enfin faire plaisir à son père, Clay Evans et Gary MacDonald. Sachant qu'ils n'avaient aucune chance de devancer les Américains, les garçons se sont donc concentrés à ne pas se faire rattraper par l'équipe ouest-allemande. Ayant participé à la course de qualification, Bruce Robertson reçoit aussi une médaille.

Pickell est encore embarrassé par sa bourde dans l'autre relais. Il dit qu'il voudrait pouvoir séparer sa médaille en quatre pour la partager avec ses équipiers du relais précédent.

***

La natation comprend aussi le plongeon. En 1976, le Canada n'a pas d'Alexandre Despatie ou d'Émilie Heymans, mais Cindy Shatto a de bons espoirs à l'épreuve de haut vol (10 mètres). Fille d'un joueur de football canadien célèbre (Dick Shatto), son surnom, Cindy, vient de Cinderella, Cendrillon en français. Peut-être a-t-elle une collection de pantoufles…

Shatto est cinquième après les préliminaires et obtient le même rang en finale. Elle est déçue de son résultat. Elle croit qu'elle aurait pu gagner une médaille si le mode de sélection des juges avait été plus juste.

Chez les hommes, le plongeur le plus célèbre ne décroche pas la médaille d'or. C'est une médaille d'argent que l'on passe au cou de Greg Louganis après l'épreuve de haut vol, mais il n'en est qu'à ses débuts.

Au cours d'une longue carrière extraordinaire, il gagnera quatre médailles d'or olympiques. De 1978 à 1988, il est le champion incontesté du plongeon masculin international.

5

SPORTS NAUTIQUES – L'OR À 35 CENTIÈMES DE SECONDE PRÈS...

Pour ceux qui aiment l'eau sans vouloir se mouiller, les sports nautiques permettent de rester au sec. Les participants doivent faire avancer leur embarcation le plus vite possible.

Aux Jeux de 1976, les épreuves nautiques se déroulent sur deux sites. Au bassin de l'île Notre-Dame, il y a les épreuves d'aviron, où l'on rame à reculons, et de canoë-kayak, où l'on rame par en avant. Dans la baie de Kingston, en Ontario, il y a la voile, où l'on ne rame pas du tout...

En aviron, les bateaux comptent un, deux, quatre ou huit rameurs. Les équipages peuvent être « en couple », où tout le monde a deux rames, ou « en pointe », où chacun n'a qu'une rame, alternativement à gauche et à droite. Les courses en pointe peuvent être avec ou sans barreur.

Aux Jeux de Montréal, les femmes participent à l'aviron pour la première fois. Leurs parcours sont de 1 000 mètres, comparativement à 2 000 mètres chez les hommes.

En aviron, les épreuves de huit en pointe sont les plus prestigieuses. Après s'être qualifié de justesse pour la finale, l'équipage féminin canadien y crée la plus belle surprise. Les spectateurs n'en croient pas leurs yeux lorsque, au quart de la course, le bateau à la feuille d'érable est en tête du groupe !

Les Canadiennes se font dépasser par trois autres embarcations, mais obtiennent une étonnante quatrième place, à moins d'une seconde de la médaille de bronze. Bravo, mesdames !

**

Après l'aviron ont lieu les épreuves de canoë-kayak, toujours au bassin de l'île Notre-Dame. Alors que les kayakistes sont assis et manœuvrent une pagaie à deux pales, les canoéistes se tiennent en équilibre sur un genou et pagaient d'un seul côté du bateau. Dans les épreuves individuelles, il est très difficile d'avancer en ligne droite. Il faut maîtriser une technique de rame assez complexe pour ne pas partir de travers.

À Montréal, il y a quatre épreuves de canoë, réservées aux hommes. Les épreuves de slalom en eau vive, si spectaculaires, étaient apparues pour la première fois aux J.O. quatre ans plus tôt, à Munich. Elles ne sont pas au programme à Montréal, car l'aménagement d'une rivière aurait été trop coûteux. Elles ne reviendront aux J.O. qu'en 1992, à Barcelone.

Contrairement à l'aviron et au kayak, on espère une médaille canadienne en canoë, grâce à John Wood, au 500 mètres individuel.

Lors de la finale, tous les Canadiens se croisent les doigts. Wood fait une très belle course, ne se laissant jamais distancer. Le résultat se joue à très peu : Wood est à peine 35 centièmes de seconde derrière le Soviétique Rogov. Le Yougoslave Ljubek n'est que deux centièmes de seconde derrière Wood.

John Wood a la médaille d'argent ! Il affirme qu'il n'avait aucune idée de la position où il était, car il ne regardait pas les autres concurrents. « Je me concentrais sur mes propres efforts, explique-t-il. Les encouragements de la foule m'ont beaucoup aidé. »

**

C'est à Kingston que se déroulent les épreuves de voile. C'est tellement loin de Montréal (plus de 250 km) qu'on y organise une cérémonie d'ouverture séparée pour les athlètes basés dans la « ville du calcaire ». Le relais de la flamme continue donc de Montréal à Kingston.

La voile peut être très spectaculaire : les voiliers peuvent partir dans des directions différentes, espérant trouver un vent plus favorable ici ou là. Cela conduit à des risques de collision. Mais à Kingston, l'aspect spectaculaire est complètement perdu : les courses sont si loin de la rive que, même avec des jumelles, les « spectateurs » ne peuvent à peu près rien voir. Des drones auraient été utiles pour filmer les épreuves, mais ils n'avaient pas encore été inventés.

Des choses bizarres se produisent à Kingston. Un Yougoslave est victime d'un accident – son voilier est endommagé. Il accuse le concurrent français Serge Maury. On tire ce dernier du lit à 22 h pour l'interroger. Il jure qu'il n'a heurté personne. D'ailleurs, son bateau est intact. On n'a aucune preuve contre Maury, mais on le disqualifie quand même.

Le dimanche 25 juillet, il y a si peu de vent que les courses en deviennent des loteries. Dans l'une d'elles, l'équipage canadien passe de la première place à la dernière, puis remonte en troisième position.

Le matin de la dernière course, ce même équipage est troisième au classement cumulatif de sa catégorie, « Flying Dutchman », avec un point d'avance sur les Brésiliens. Les Canadiens auront le bronze s'ils finissent devant les Brésiliens. Pas de chance, ceux-ci finissent en troisième place et les Canadiens, en sixième. Le bronze leur échappe par un écart minuscule.

6

QUI A INVENTÉ LES JEUX OLYMPIQUES ?

D'où viennent les Jeux olympiques ? On cite souvent le nom de Pierre de Coubertin quand on parle des origines des Jeux, mais le baron s'est inspiré des Jeux olympiques antiques qui existaient il y a plus de 2 500 ans.

C'est la civilisation grecque qui a inventé les Jeux olympiques. Ils tirent leur nom de la ville d'Olympie, où ils se sont toujours tenus. Ils existaient dès 776 av. J.-C., soit 2 751 ans avant les Jeux de Montréal !

D'après la mythologie grecque, c'est le héros Héraclès, fils de Zeus et d'Alcmène, qui a fondé les Jeux olympiques. Il avait auparavant accompli de nombreux exploits, dont ses célèbres douze travaux qui ont inspiré ceux d'Astérix. Héraclès existe aussi dans la mythologie romaine, sous le nom d'Hercule.

Ces Jeux sont alors une grande fête religieuse, et les spectateurs viennent de très loin pour y assister. En plus des rituels religieux, il y a des spectacles d'artistes et de grands banquets. Ils se déroulent tous les quatre ans, période que l'on appelle « olympiade ».

À cette époque, les athlètes ne représentent pas leur pays, comme c'est le cas aujourd'hui, mais leur ville. Seuls les hommes peuvent concourir. Les femmes ont leurs propres jeux, les Héraia, qui ont lieu dans la ville d'Argos. À Olympie, les athlètes doivent arriver dix mois avant les Jeux et s'entraîner sous les ordres des entraîneurs officiels.

À ces Jeux antiques, les athlètes sont nus. On croit que c'est simplement parce que les Grecs admiraient la beauté du corps humain. Les femmes mariées n'ont pas le droit d'assister aux Jeux, sous peine de mort, dit-on. Heureusement, personne n'a jamais subi cette punition. On se contente d'expulser les rares femmes qui réussissent à se faufiler dans les estrades.

Au début, il n'y a qu'une seule épreuve sportive, la course à pied. La distance est de 600 « pieds d'Héraclès », soit environ 192 mètres. Le premier « olympionique » (champion olympique) s'appelle Corèbe. À ces Jeux antiques, seul le gagnant importe. On ne donne aucune récompense aux autres.

Au fil des siècles, d'autres épreuves se sont ajoutées, mais aucun sport d'équipe.

L'épreuve la plus prestigieuse était la course de chars à quatre chevaux. On peut voir une reconstitution assez fidèle de cette course dans le célèbre film *Ben-Hur*. La course était souvent violente. Curieusement, ce n'était pas le pilote du char gagnant qui était couronné, mais le propriétaire des chevaux. Grâce à cette règle, quelques femmes ont été désignées olympioniques au fil des siècles, notamment la princesse Cynisca.

L'anecdote la plus incroyable se produit en 67, lorsque l'empereur Néron lui-même se présente à la course avec un attelage à dix chevaux. Il est rapidement éjecté de son char, mais les juges, corrompus par l'argent, le déclarent tout de même gagnant ! Néron sera assassiné l'année suivante et son nom sera retiré de la liste des vainqueurs. Quant aux juges, ils seront forcés de rendre les sommes qu'ils avaient acceptées.

À cette époque, il y avait aussi des sports de combat aux Jeux olympiques : la boxe, la lutte, et, plus tard, le pancrace. Ces sports sont très violents. Par exemple, à la boxe, on peut continuer à frapper son adversaire, même lorsqu'il est en train de tomber. Le vainqueur, dans toutes ces épreuves, n'est désigné que lorsque l'adversaire abandonne... ou (parfois) meurt.

Le pancrace est le pire de tous. Les seuls règlements sont l'interdiction de mordre son opposant et d'enfoncer les doigts dans ses yeux. On peut par contre lui tordre le bras et même l'étrangler. Un des champions est surnommé Akrochersites, ou « Monsieur Doigts », car sa spécialité est de briser les doigts de ses rivaux. À ne pas pratiquer chez soi, ni nulle part ailleurs...

Il y a aussi le pentathlon, qui comporte cinq épreuves : lancer du disque, lancer du javelot, saut en longueur en tenant des poids dans chaque main, course et lutte.

La plus récente épreuve est l'hoplitodromos, mot qu'on peut traduire par « course de soldats ». Les coureurs doivent porter une armure complète : casque, cnémides (protège-tibias) et aspis (lourd bouclier). Ils trébuchent souvent les uns sur les autres ou perdent leur casque, ce qui donne parfois à ce sport un aspect un peu ridicule.

Les Jeux antiques ont lieu pour la dernière fois en 393. À cette époque, les empereurs chrétiens, qui ont conquis la Grèce, décident de ne plus tolérer les rites païens, c'est-à-dire non chrétiens.

Plusieurs siècles plus tard, des Européens ont voulu rétablir cette tradition. Vers 1612, dans le sud-ouest de l'Angleterre, l'avocat Robert Dover lance les « Olympicks de Cotswold », du nom de la région où ils sont disputés.

En 1850, les Olympicks disparaissent, mais les « Jeux olympiens de Wenlock » prennent la relève. Ils se déroulent dans la ville de Much Wenlock, dans l'ouest de l'Angleterre. Lors des Jeux olympiques de 2012 à Londres, une des mascottes s'appelle Wenlock, en hommage à ces précurseurs des Jeux olympiques modernes.

En 1890, le baron français Pierre de Coubertin visite la Société olympienne qui organise les jeux de Wenlock. Il est très intéressé et fonde le Comité international olympique en 1894. Cette fois est la bonne, et les premiers Jeux olympiques de l'ère moderne ont lieu à Athènes deux ans plus tard. Le CIO a choisi Athènes, la capitale de la Grèce, en hommage aux Jeux antiques. Ces Jeux de 1896 sont un succès.

En 1924, à Chamonix, on crée les Jeux olympiques d'hiver. Le Canada remporte la médaille d'or en hockey sur glace lors de six des sept premiers tournois. Les J.O. d'hiver ont eu lieu au Canada en 1988 (Calgary) et en 2010 (Vancouver), mais ils pourraient bien revenir un jour dans notre pays, peut-être à Montréal ou à Québec, qui sait ?

7

LES SPORTS D'ARMES
ET DE MONTURES

Trois types d'armes sont présents aux Jeux olympiques de 1976 : les armes d'escrime (fleuret, épée, sabre), les arcs et les armes à feu (carabines et pistolets). Deux types de montures sont aussi en vedette : les chevaux, pour les épreuves d'équitation, et le vélo.

La première médaille d'or des Jeux de Montréal est attribuée dans une épreuve de tir au pistolet. L'Est-Allemand Uwe Potteck a une médaille au cou avant 9 h 30, dès le premier jour des épreuves.

Les compétitions de tir ont lieu sur la Rive-Sud, au Club de tir L'Acadie. Comme l'équitation et certaines épreuves de voile, le tir est mixte : dans certaines épreuves, les hommes et les femmes concourent ensemble, mais d'autres sont réservées aux hommes. L'Américaine Margaret

Murdock devient la première femme à remporter une médaille olympique en tir.

Le plus vieil athlète aux Jeux de 1976 est le tireur Owen Phillips, du Belize. Il a eu 70 ans le 9 juillet. Pas de chance, il a perdu l'œil droit deux semaines avant les Jeux. Il est tout de même venu représenter son pays.

* * *

Les épreuves d'escrime ont lieu au Stade d'hiver de l'Université de Montréal. En fleuret féminin, la Québécoise Chantal Payer se qualifie pour la deuxième ronde. Après deux victoires et deux défaites, il ne lui manque qu'une autre victoire pour passer à la ronde suivante. Si elle perd, c'est plutôt la Française Brigitte Dumont qui se qualifiera.

Des spectateurs s'amassent autour de la piste pour déconcentrer Payer. Celle-ci perd patience et le combat. Elle expliquera par la suite que les spectateurs qui la chahutaient étaient des amis de la Française. L'esprit sportif n'est pas toujours au rendez-vous...

En escrime, le médaillé le plus célèbre est l'Allemand Thomas Bach, qui a été élu 10e président du CIO en 2013.

***

Le pentathlon moderne est le seul sport qui a été créé exprès pour les Jeux olympiques, en 1912. Son inventeur voulait représenter des épreuves de cavalerie : l'équitation, l'escrime, le tir, la natation et le cross-country de 4 000 mètres. À Montréal, la course commence et se termine dans le Stade olympique, mais se déroule principalement dans le parc Maisonneuve, juste à côté.

C'est triste, mais le principal souvenir que l'on garde de cette compétition, c'est ce qui s'est passé le deuxième jour, lors de l'épreuve d'escrime (épée). Le Soviétique Boris Onischenko essaie de toucher le Britannique Jim Fox. Ce dernier esquive le coup, mais le système enregistre tout de même une touche.

Fox, ami d'Onischenko, dit aux juges : « Il doit y avoir un court-circuit dans l'épée. Pouvez-vous vérifier ? » Onischenko se dépêche de changer d'épée et dit que ce n'était pas la sienne. Les juges insistent pour vérifier l'arme, mais les Soviétiques affirment qu'ils l'ont perdue !

On retrouve l'arme et on la confie à des experts, pendant qu'Onischenko continue la compétition avec une autre épée. Il obtient cinq victoires contre seulement deux revers. Mais on découvre que sa première épée était trafiquée. Un interrupteur secret lui permettait de signaler une touche même quand il n'y en avait pas.

Onischenko doit rentrer chez lui et l'équipe soviétique est disqualifiée. Dans son pays, on lui enlève tous les titres et médailles qu'il avait remportés depuis des années.

***

En équitation, à Bromont, on parle beaucoup de la princesse Anne, fille de la reine Élisabeth II, qui fait partie de l'équipe britannique. À l'épreuve de dressage, les juges paraissent fort généreux avec elle, lui donnant des notes qui ne semblent pas entièrement méritées.

La deuxième partie du concours est le cross-country. La princesse tombe de cheval et reste à demi inconsciente pendant plus de deux minutes. Elle termine néanmoins l'épreuve pour que son pays conserve ses chances de bien se classer, mais c'est en vain. Le terrain est extrêmement glissant à cause des fortes pluies. Deux autres Britanniques voient leur cheval tomber et se blesser. Ils ne pourront pas participer à la troisième partie du concours.

L'exploit en équitation revient à un jeune Québécois. Michel Vaillancourt se présente à l'épreuve individuelle de saut d'obstacles le lendemain de son 22e anniversaire. Après les deux rondes, il est à égalité avec deux autres concurrents en deuxième place ! Pourtant, il ne s'entraîne avec son cheval, Branch County, que depuis trois mois.

Après une bonne averse, une ronde éliminatoire départage les concurrents. Vaillancourt ne fait tomber qu'un obstacle et obtient un excellent temps. Il remporte la médaille d'argent, à la surprise générale !

***

Il existe deux types d'épreuves en cyclisme : sur piste et sur route. Sur piste, les compétitions ont évidemment lieu au vélodrome. Sur route, il y a deux circuits.

Le premier jour des compétitions, le 100 km par équipes contre la montre commence dès 10 h. Pour bénéficier d'une chaussée plate et de bonne qualité, on roule sur une section de 25 km de l'autoroute 40, fermée pour l'occasion.

Le départ est donné au centre commercial Fairview, à Pointe-Claire. Les cyclistes se dirigent vers l'ouest et franchissent le pont de l'Île-aux-Tourtes. Puis ils font demi-tour et roulent vers l'est, jusqu'au boulevard Henri-Bourassa où ils font de nouveau demi-tour. Ils répètent ensuite ce parcours pour atteindre 100 km.

Un des cyclistes canadiens a un problème avec sa roue arrière et doit abandonner 10 km avant la fin, ce qui rend la tâche plus difficile aux trois autres. Le Canada finit au 16e rang, un bon résultat.

Il y a aussi l'épreuve sur route individuelle. Elle a lieu sous la pluie, sur le circuit du mont Royal. Les coureurs doivent parcourir cette boucle 14 fois, pour un total de 175 km en près de cinq heures. Le chemin Camilien-Houde a une pente très abrupte. La 14e fois, les cyclistes doivent commencer à l'avoir assez vue...

Le Suédois Bernt Johansson l'emporte. Il s'est détaché loin avant l'arrivée et personne n'a pu le rattraper. Pierre Harvey est le meilleur Canadien, au 24e rang. Il aura une longue et brillante carrière et participera à trois Jeux olympiques, en cyclisme et en ski de fond.

La compétition la plus attendue en cyclisme, toutefois, c'est le sprint. Le favori, Daniel Morelon, un Français, est traité comme une grande vedette. Tout le monde prédit une finale entre le Tchécoslovaque Anton Tkac et lui.

Lors de la course décisive, Tkac lance le sprint très tôt. Morelon réagit trop tard et Tkac l'emporte. C'est une des grandes surprises des Jeux et la première défaite de Morelon en huit ans. Quinze ans après, il avoue qu'il était venu à Montréal pour gagner l'or et qu'il n'a toujours pas digéré la défaite, d'autant plus que c'était le jour de son anniversaire.

8

LES JEUX OLYMPIQUES, C'EST AUSSI POUR LES DAMES!

Aux Jeux olympiques de 1976, il y a beaucoup plus d'épreuves pour hommes que pour femmes et c'est dommage. La bonne nouvelle? Ça a bien changé depuis!

Lors des Jeux olympiques de l'Antiquité, les femmes ne sont pas admises, mais elles ont leur propre compétition, les Héraia, où les seules épreuves sont des courses à pied. Il y a trois catégories d'âge et la distance représente les 5/6e de la course des hommes.

Lors du retour des Jeux olympiques en 1896, les femmes ne sont pas admises non plus. À l'époque, on considérait que les femmes qui pratiquaient des sports perdaient leur féminité. On disait même que ce pouvait être mauvais pour leur santé, car on les croyait trop fragiles. Et on trouvait déplorable qu'une dame montre ses jambes, par exemple dans une tenue de sport.

Pierre de Coubertin lui-même considérait que la meilleure chose qu'une femme puisse faire pour le sport, c'était d'encourager ses fils à en pratiquer.

En 1896, une femme, Stamata Revithi, décide tout de même de courir le marathon toute seule, le lendemain de la course officielle. Elle le termine en cinq heures et demie, très loin du temps du gagnant chez les hommes. Mais elle a prouvé qu'une femme pouvait courir 40 km.

En 1900, aux deuxièmes Jeux olympiques modernes, quelques femmes sont admises à concourir. Il y a trois joueuses de croquet, dix golfeuses, une participante à la voile et huit joueuses de tennis.

La Suissesse Hélène de Pourtalès fait partie de l'équipage d'un voilier de catégorie 1-2 tonneaux avec son mari et leur neveu. Le 22 mai 1900, elle devient la première femme à remporter une médaille olympique, l'or.

Le 11 juillet, la tenniswoman britannique Charlotte Cooper est la première femme à remporter une épreuve individuelle aux J.O. Elle avait déjà été championne du tournoi de Wimbledon à trois reprises. Elle remporte aussi l'or en double mixte, le même jour!

Les femmes participent aussi au golf, mais le tournoi est tellement mal organisé que les golfeuses ne savent même pas qu'elles participent à un tournoi olympique. La gagnante, l'Américaine Margaret Abbott, ne saura jamais qu'elle était championne olympique. Ses enfants l'apprendront lorsqu'une chercheuse américaine les contactera en 1996, après avoir passé dix ans à les chercher.

À St. Louis, en 1904, il n'y a plus que six femmes, des Américaines qui participent au tir à l'arc.

Les choses s'améliorent à partir de 1908. En plus du tir à l'arc, les femmes peuvent s'inscrire au patinage artistique, à la voile et au tennis. Quatre ans plus tard, elles peuvent aussi prendre part aux épreuves en natation et en plongeon.

C'est en 1928 que le progrès le plus important se produit, avec l'arrivée des femmes en athlétisme et en gymnastique. Des fausses rumeurs sont toutefois lancées : on dit que la plupart des coureuses du 800 mètres sont arrivées épuisées. En conséquence, les femmes n'auront pas de course plus longue que 200 mètres jusqu'en 1960, soit 32 ans plus tard. Tout ça à cause de mensonges.

À Montréal, en 1976, les femmes comptent pour plus de 20 % des athlètes, une forte progression par rapport aux Jeux précédents. Et les progrès vont vite : on atteindra 30 % en 1996 (Atlanta) et 40 % en 2004 (Athènes). En 2012 (Londres), on a dépassé 44 % !

Le progrès fait à Montréal est largement dû à deux sports d'équipe, le basket-ball et le hand-ball, qui sont ouverts aux femmes pour la première fois. Jusque-là, le seul port d'équipe féminin était un sport sans contact (ce n'est sûrement pas une coïncidence), le volley-ball.

Les Jeux de Montréal sont aussi l'occasion de rendre hommage à une pionnière du sport féminin.

La coureuse Abigail Hoffman est porte-drapeau pour le Canada lors de la cérémonie d'ouverture. À neuf ans, elle avait fait les manchettes des journaux. Elle s'était inscrite dans une équipe de hockey et, avec ses cheveux courts, personne ne s'était aperçu que c'était une fille.

Elle était la meilleure de son équipe, mais pour participer à un tournoi, elle a dû présenter un certificat de naissance. On a alors découvert que c'était une fille. Elle a pu finir la saison, mais la saison suivante un nouveau règlement empêche les filles de jouer au hockey dans les ligues de garçons.

Hoffman était déçue, mais avait déjà commencé à s'intéresser à la natation. Plus tard, ce sera l'athlétisme, avec la course de demi-fond. Elle gagne des médailles dans l'épreuve de 800 mètres lors de quatre éditions consécutives des Jeux panaméricains, de 1963 à 1975. Elle participe aussi à quatre Jeux olympiques dont, bien sûr, ceux de Montréal, où elle porte fièrement le drapeau canadien.

Après Montréal, les femmes ont pris de plus en plus leur place aux Jeux olympiques. En 2012, pour la première fois, tous les sports incluaient des épreuves féminines. La boxe est le dernier sport d'été à s'ouvrir aux athlètes féminines et le saut à ski, le dernier sport d'hiver.

Aujourd'hui, seules deux compétitions olympiques ne sont pas ouvertes aux deux sexes : la nage synchronisée et la gymnastique rythmique sont interdites… aux hommes !

9

LES SPORTS DE FORCE
ET DE COMBAT

Il arrive qu'on se batte durant les Jeux olympiques, mais c'est exprès ! La lutte, le judo et la boxe sont des sports de combat où le but est de terrasser son adversaire. On utilise diverses techniques, selon le sport. À la boxe, la force brute est fort utile, comme en haltérophilie. Des hommes soulèvent parfois plus du double de leur poids au-dessus de leur tête. Il faut un plancher solide...

Le concours d'haltérophilie est disputé à l'aréna Saint-Michel, quelques kilomètres au nord du Stade olympique. Les concurrents sont répartis en neuf catégories de poids, de « mouche » (moins de 52 kg) à « super-lourd » (plus de 110 kg). On suit particulièrement deux athlètes québécois : Yves Carignan chez les poids coq et Pierre Saint-Jean chez les mi-lourds.

Chaque concurrent a droit à trois essais pour chacun des deux mouvements. Plusieurs commencent prudemment avec un poids pas trop élevé. Mais Carignan est ambitieux. Devant le public québécois, il veut remporter une médaille, ou au moins finir dans le haut du classement. Il prend donc un risque et commence l'arraché avec un poids élevé pour lui : 102,5 kg. Il vise 115 kg à son troisième essai.

Hélas, il rate ses trois essais et sa compétition est terminée. Son nom se retrouve en bas de la liste, avec la mention « éliminé ». Très triste, il se fait énormément de reproches après la compétition, disant qu'il a laissé tomber son entraîneur. Il a aussi l'impression d'avoir perdu son temps : « Regardez ce que je viens de faire. J'ai abandonné mes études il y a cinq ans et demi et voilà le résultat. »

Il deviendra pêcheur de homard et reviendra à l'haltérophilie bien des années plus tard. En 2007, dans sa catégorie de poids et d'âge, il bat le record du monde à l'arraché !

Cinq jours après Carignan, c'est au tour de Saint-Jean. Deux heures avant la compétition, en accord avec son entraîneur, il décide lui aussi de prendre un risque et de commencer avec un poids élevé, 150 kg.

Quelques minutes avant son premier essai, l'entraîneur national Wes Woo vient le voir et lui ordonne de commencer à 145 kg. Saint-Jean refuse et le ton monte. Mais la décision revient à l'athlète et Saint-Jean ne change pas d'idée.

Quand il arrive sur le plateau, il est encore tout énervé de l'engueulade avec Woo. Devant lui, un des trois juges est Ken Carr-Braint, ancien président de la fédération canadienne, qui a été congédié de son poste à cause d'une dispute avec… Saint-Jean. Carr-Braint avait du mal à s'entendre avec plusieurs des haltérophiles québécois. Il avait suspendu Saint-Jean pour six mois, à cause d'une peccadille.

Les circonstances ne pourraient pas être pires pour Saint-Jean. La foule lui accorde une énorme ovation, rendant sa concentration encore plus difficile. Comme Carignan, il ne réussit aucun de ses essais. Mais, comme Carignan, il reste un grand athlète, ayant obtenu d'excellents résultats dans de nombreuses autres compétitions.

La dernière catégorie d'haltérophiles est celle des super-lourds. Le célèbre Soviétique Vassili Alexeiev pèse 157 kg et donne tout un spectacle. Il bat le record olympique à l'arraché et le record du monde à l'épaulé-jeté, soulevant 255 kg au-dessus de sa tête. C'est presque le poids d'un piano droit! L'athlète ventru est tout sourire sur le podium et les spectateurs l'acclament avec beaucoup d'enthousiasme.

***

Le judo est un sport d'origine japonaise. Mais à Montréal, les judokas nippons s'amènent avec une grande crainte: se faire dépasser par les Soviétiques, qui sont très forts. Les compétitions de judo ont lieu au vélodrome, ce qui ne plaît pas à tout le monde, car les spectateurs sont très loin de l'action.

L'avant-veille de sa compétition, le Canadien Brad Farrow a une mauvaise surprise au Village olympique. Quelqu'un projette un film montrant ses combats récents. Les autres judokas regardent les images très attentivement. Farrow est furieux, car cela donne à ses futurs adversaires un avantage : ils vont connaître son style et ses méthodes. Il gagnera tout de même ses deux premiers combats, avant de perdre les deux suivants et d'être éliminé.

Les Japonais finissent premiers des épreuves de judo, mais leur domination tire à sa fin.

***

Le tournoi olympique de boxe est bien mal parti. C'est en boxe et en athlétisme que le boycott des pays africains a le plus gros impact : au total, 86 combats prévus n'ont pas lieu. Quand un des combattants est absent, le match est tout de même annoncé. Le boxeur présent monte sur le ring, en tenue de combat, et l'arbitre lève son bras en signe de victoire. Il repart alors jusqu'à la ronde suivante.

Il arrive même que les deux combattants soient manquants! Certains boxeurs ont donc deux passe-droits consécutifs. Il y a aussi deux boxeurs égyptiens qui remportent leur premier combat, avant de se faire dire de rentrer à la maison.

Les combats ont lieu à l'aréna Maurice-Richard, juste à côté du Stade olympique. Les finales ont lieu au Forum, car on y attend beaucoup de spectateurs.

Un des espoirs canadiens, Michael Prévost, affronte le Roumain Vasile Didea en seizième de finale. Il commence le combat avec beaucoup de vigueur, mais Didea termine le 1er round en force. Au 2e round, Prévost semble perdre confiance en ses moyens. Il est coupé à l'œil et l'arbitre le fait examiner par un médecin, ce qui brise sa concentration. L'arbitre lui signale aussi de nombreux avertissements, sans en donner aucun au Roumain.

Au 3e round, Prévost n'arrête pas de s'accrocher à son rival. Après plusieurs avertissements, l'arbitre le disqualifie et donne la victoire à Didea. Prévost est fou de rage contre l'arbitre et pense même le frapper. Heureusement, il ne le fait pas, mais il cherche à le ridiculiser en lui son frottant son gant sur le dessus de la tête. Il fait aussi semblant de foncer sur son adversaire.

Prévost est suspendu, mais quelques jours plus tard, l'arbitre Patrick Hynes, avec deux autres arbitres, sera aussi suspendu jusqu'à la fin des Jeux pour avoir pris des décisions partiales et favorisé certains pays. Tout le monde peut faire des erreurs. Prévost, qui regrette son geste, a payé la sienne très cher. Il a dû quitter le Québec pendant plusieurs années pour éviter d'être pointé du doigt sans cesse.

Du côté des chanceux, il y a Michael Spinks. Favorisé par le tirage au sort et le boycott, il commence le tournoi en quart de finale. Après une victoire, la demi-finale lui est concédée, son adversaire roumain étant jugé inapte à boxer par les médecins. À la finale, Spinks n'en est donc qu'à son deuxième combat. Son adversaire soviétique, lui, en est à son cinquième ! Spinks l'emporte par arrêt de l'arbitre une minute avant la fin.

Son frère, Leon Spinks, dans la catégorie juste au-dessus, est moins veinard. Il doit livrer cinq combats pour remporter la médaille d'or. Il est rare que des frères remportent chacun une médaille d'or lors des mêmes Jeux olympiques dans des épreuves différentes. Les deux auront une carrière fructueuse en boxe professionnelle.

La plus grosse vedette est toutefois Ray Leonard, que l'on surnomme rapidement « Sugar Ray », en hommage au grand champion Sugar Ray Robinson. Il remporte la finale par décision unanime, comme à ses cinq combats précédents. C'est le meilleur boxeur des Jeux de Montréal, mais il jure qu'il va quitter la boxe pour retourner à ses études.

Il doit toutefois changer ses plans. À cause de soucis financiers, il décide de devenir boxeur professionnel. Il a énormément de succès, remportant 35 de ses 36 premiers combats. Sa seule défaite a lieu au… Stade olympique de Montréal ! Le 20 juin 1980, le plus gros gala de boxe de l'histoire du stade le voit confronté à Roberto Duran. Duran l'emporte, mais Leonard prend sa revanche cinq mois plus tard à La Nouvelle-Orléans.

Leonard, qui ne voulait pas devenir professionnel, sera le premier boxeur de l'histoire à gagner plus de 100 millions de dollars en carrière.

10

LA BOURSE OU... LES JEUX

Les sports se sont structurés aux XVIIIe et XIXe siècles, à l'initiative de l'Angleterre. Cela veut dire que l'on crée des fédérations sportives, des ligues, que l'on met les règlements par écrit, etc.

Il faut peu de temps pour que l'opposition entre amateurisme et professionnalisme se manifeste. Un sportif amateur est celui qui pratique son sport sans être payé. Un sportif professionnel, c'est le contraire : le sport est en quelque sorte son métier. Il se fait payer pour le pratiquer.

Les partisans de l'amateurisme disent qu'il est important que le sport ne soit pas « souillé » par l'argent. Il doit rester pur, donc seulement ceux qui le pratiquent par plaisir devraient participer aux compétitions les plus prestigieuses.

Les premiers Jeux olympiques de l'ère moderne, en 1896, sont réservés aux amateurs. Le baron de Coubertin justifie cette règle en disant s'inspirer des Jeux olympiques de l'Antiquité. Pourtant, on sait que les athlètes, surtout les gagnants, étaient généreusement récompensés par la ville qu'ils représentaient. Peut-être que le baron connaissait mal l'histoire?

Les vrais motifs des partisans de l'amateurisme sont moins nobles. Les dirigeants des différents sports, à l'époque, sont issus des classes fortunées de la société. Ils n'ont pas besoin de travailler pour vivre dans le luxe. Ils ont donc du temps libre pour se livrer à des activités sportives pour le plaisir. Les gens moins fortunés ont peu de temps libre. Seuls ceux qui sont assez bons pour se faire payer peuvent faire du sport de haut niveau.

Les riches «inventent» donc cette histoire de «pureté sportive» pour empêcher ceux qui ne sont pas de leur classe sociale de se mesurer à eux.

En 1912, l'Américain Jim Thorpe gagne le pentathlon et le décathlon aux Jeux de Stockholm. D'origine partiellement amérindienne, c'est un des plus grands athlètes de tous les temps. Six mois plus tard, des journaux rapportent qu'il a déjà été payé 2$ par match pour jouer au base-ball. On lui retire ses deux médailles.

Dans les années 1920, il est de plus en plus clair que les joueurs de tennis se font payer. Hop! On supprime le tennis des Jeux olympiques.

Par contre, le CIO est très tolérant envers les athlètes du bloc de l'Est. Dans les années 1970, les joueurs de hockey soviétiques s'entraînent six jours par semaine, onze mois par année. Pourtant, ils sont considérés comme des amateurs. Pourquoi? Parce que l'URSS les considère tous comme des militaires. Pourtant, aucun d'entre eux ne touche jamais à un fusil.

Quand c'est nécessaire, le président du CIO invente même des règles qui n'existent pas. En 1970, le championnat du monde de hockey doit avoir lieu au Canada pour la première fois, à Montréal et à Winnipeg. La Fédération internationale de hockey sur glace a accepté que quelques joueurs professionnels participent au tournoi, à condition qu'ils n'aient jamais joué dans la Ligue nationale de hockey.

Mais deux mois avant le début du tournoi, le président du CIO, Avery Brundage, sort ses menaces : un joueur amateur jouant contre un professionnel sera considéré comme un professionnel. La règle n'existe pas vraiment, Brundage l'a inventée, mais la menace fonctionne. Le tournoi déménage en Suède et le Canada cesse de participer aux championnats du monde. Il n'y reviendra qu'après que les professionnels y auront été admis, en 1976.

Aux jeux de Montréal, on envisage d'expulser le kayakiste Denis Barré parce qu'il écrit une chronique dans le journal *Le Soleil* de Québec. Il doit prouver qu'il n'a pas touché un sou. Imaginez, s'il avait gagné quelques dollars pour écrire une chronique. Ce serait bien la fin du monde ! Le marcheur olympique Marcel Jobin, lui, a trouvé la ruse : c'est son épouse qui rédige une chronique dans *La Presse*...

Le Français Guy Drut, gagnant du 110 mètres haies à Montréal, avouera, quelques mois après les Jeux, qu'il a touché de l'argent. Il déclare : « J'abandonne le sport, il est pourri. » Mais plusieurs années plus tard, il fera de la politique et deviendra ministre de la Jeunesse et... des Sports.

On sait pourtant que le système ne marche plus. De plus en plus d'athlètes se font payer indirectement. Pour qu'ils participent à une compétition, on verse une somme dans un compte bancaire qui n'est pas à leur nom. Quand les Jeux olympiques sont passés, ils peuvent récupérer l'argent.

Finalement, les dirigeants abdiquent. En 1984, les professionnels sont autorisés à participer aux Jeux olympiques dans la plupart des sports. Aujourd'hui, seules la lutte et la boxe n'acceptent toujours pas les professionnels, pour des raisons assez compliquées.

Bonne nouvelle, en quelque sorte : en 1983, on a rendu à Jim Thorpe ses médailles. Plus précisément, on a rendu à ses enfants des médailles de remplacement. Thorpe était décédé 30 ans plus tôt, et ses médailles ont disparu, peut-être volées. Mais on n'a pas remis son nom dans les statistiques officielles des Jeux olympiques. L'injustice n'est donc qu'à moitié corrigée.

II

LES SPORTS D'ÉQUIPE

Ça peut sembler étonnant, mais le water-polo est un des sports les plus violents qui existent. Les règlements sont très stricts, mais les joueurs les ignorent joyeusement : ils savent que l'arbitre a du mal à voir ce qui se passe sous l'eau. Le guide télé distribué avant les Jeux nous promet d'ailleurs tout un spectacle : « Une caméra sous-marine vous permettra de découvrir les mille et une manières de noyer un adversaire encombrant. »

Bonne nouvelle : il n'y aura pas de noyés aux Jeux de Montréal !

Le Canada est dans le même groupe que le pays favori, la Hongrie, qui a remporté une médaille à chaque tournoi depuis 1928. Les matchs ont lieu au centre Claude-Robillard, dans le nord de l'île, et à la Piscine olympique.

Après la première ronde, l'URSS doit se contenter du groupe « consolation », ayant tout juste raté la ronde des médailles. Coup de théâtre, elle déclare que cinq de ses joueurs sont malades ou blessés et qu'elle est donc obligée de se retirer du tournoi. Absente contre Cuba, l'équipe perd par défaut, mais revient ensuite.

Finalement, les malades ne l'étaient pas trop. À son match suivant, contre le Mexique, tous les joueurs semblent en forme. La foule, mécontente du retrait – même annulé –, hue l'équipe soviétique à qui mieux mieux et encourage plutôt les Mexicains.

Contre cette même équipe soviétique, l'équipe canadienne passe à un cheveu de l'exploit.

Elle prend les devants 4 à 1 avant de se faire rattraper, mais une minute avant la fin du match, elle mène de nouveau, 6 à 5. L'arbitre signale, par mégarde, une faute contre l'URSS. S'attendant à recevoir le ballon, les nageurs canadiens se dirigent vers le but soviétique. Puis, l'arbitre se rend compte qu'il s'est trompé et donne le ballon aux Soviétiques. Les joueurs canadiens sont hors position et l'URSS réussit à marquer, pour arracher un match nul.

La Hongrie gagne le tournoi, encore une fois. Le Canada finit neuvième sur douze.

***

C'est certainement la première fois qu'un aussi gros tournoi de hockey se déroule au Canada sans que les joueurs portent des patins ! On parle évidemment de hockey sur gazon. Les matchs ont lieu au stade Percival-Molson de l'Université McGill, qui est maintenant le domicile des Alouettes de Montréal, l'équipe de football. En 1976, c'est aussi la première fois que le tournoi olympique de hockey sur gazon est disputé sur une pelouse synthétique. On se rend compte que la qualité de jeu y est bien meilleure.

Ce sport est l'affaire des équipes du Pakistan et de l'Inde. Au moins un de ces deux pays a joué en finale de tous les tournois olympiques. Mais pas cette fois-ci! Ni l'Inde ni le Pakistan ne se sont qualifiés. Les partisans de ces deux pays avaient tellement confiance en leur équipe nationale qu'ils ont acheté plein de billets pour la finale qui oppose l'Australie à la Nouvelle-Zélande.

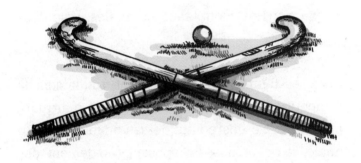

Comme le Pakistan a été éliminé par l'Australie, les fans pakistanais encouragent la Nouvelle-Zélande. Et comme les Indiens ont été éliminés à la suite d'une victoire des Néo-Zélandais, les fans indiens se rangent du côté de l'Australie. Dans cette ambiance très bizarre, la Nouvelle-Zélande l'emporte 1 à 0.

***

Le volley-ball de 1976 est assez différent de celui d'aujourd'hui. À l'époque, on ne peut marquer que sur son propre service. Les matchs entre des équipes de la même force peuvent donc durer très longtemps, comme au tennis.

Le tournoi se déroule au centre Paul-Sauvé, dans le quartier Rosemont, sauf les finales, disputées au Forum.

Chez les dames, le Japon domine totalement la compétition, ne perdant aucun set et marquant près du triple des points de ses adversaires. En finale, les Japonaises disposent rapidement des Soviétiques.

Du côté masculin, c'est une autre histoire. La Pologne se rend de peine et de misère à la finale. Elle dispute de longs matchs, en particulier la demi-finale contre le Japon, qui dure près de trois heures et se termine autour de minuit. Avant la finale, les Polonais ont déjà disputé 22 sets. Leurs adversaires, les Soviétiques, n'en ont disputé que 12, favorisés par le retrait de l'Égypte, mais aussi parce qu'ils ont remporté tous leurs matchs par 3 sets à 0.

La finale aussi s'éternise. Tout le monde s'attend à ce que les Polonais soient terrassés par la fatigue, vu leur parcours difficile. Pourtant, non ! Ils remportent difficilement le 4e set, puis, à minuit et demi, obtiennent la victoire au 5e set, par le score sans appel de 15 à 7. Les spectateurs qui sont restés jusqu'à la fin leur font une longue et bruyante ovation, digne des plus grands matchs du Canadien. Quels champions !

***

Le tournoi olympique de soccer est amoché par le boycott africain. Il manque le Nigeria, le Ghana et la Zambie. Il y a donc un groupe de quatre équipes et trois groupes de trois.

Les matchs se disputent dans un stade de la Ligue canadienne de football (LCF), le parc Lansdowne à Ottawa, dans un ancien stade de la LCF, le stade Varsity à Toronto, dans un stade semi-temporaire (à Sherbrooke) et dans le Stade olympique lui-même.

Il faut donc beaucoup de terrains pour les sports d'équipe. Il en faut pour les matchs et pour les entraînements. Les organisateurs des Jeux de Montréal n'ont pas hésité à sortir de la ville. Géographiquement, les Jeux olympiques de Montréal se sont déroulés entre Toronto et Québec!

Le Canada est dans le même groupe que l'URSS et la Corée du Nord. Le Ghana aurait aussi dû faire partie de ce groupe. Le premier match est au Stade olympique, contre l'URSS. Le terrain est dans un état pitoyable à cause des cérémonies d'ouverture et de la pluie.

Les Soviétiques marquent deux fois dans les 11 premières minutes et on peut craindre le pire. Mais le Canada relève la tête et force le jeu. Les Canadiens marquent à deux minutes de la fin pour resserrer le pointage.

À peine une minute plus tard, un défenseur soviétique arrête le ballon sur la ligne des buts, sinon le Canada arrachait un match nul.

Le tournoi du Canada se termine à Toronto le surlendemain, avec une défaite de 3 à 1 contre la Corée du Nord. Les spectateurs montréalais encouragent alors la France qui a dans ses rangs un Michel Platini encore amateur, mais qui deviendra rapidement un des meilleurs joueurs français de l'histoire.

La pluie gâche le tournoi à partir des quarts de finale. En finale, au Stade olympique, sur un terrain boueux, la RDA bat la Pologne, pour la médaille d'or, devant 71 619 spectateurs. À l'époque, c'est la plus grosse foule de l'histoire à assister à un match de soccer en Amérique du Nord.

***

Au tournoi de basket-ball, tout le monde s'intéresse à la rivalité URSS–États-Unis. Lors des Jeux olympiques précédents, l'URSS a gagné 51 à 50 en finale, dans des circonstances invraisemblables. Les Américains menaient par un point avec deux secondes à faire. On joue ces deux secondes et les Soviétiques ne marquent pas. Mais, pour des raisons nébuleuses, on les rejoue. Les Soviétiques ne marquent toujours pas. Mais on les rejoue encore ! Cette fois, les Soviétiques réussissent un panier et l'emportent par un point.

Les Américains sont tellement furieux qu'ils refusent la médaille d'argent. Certains joueurs ont même écrit sur leur testament que leurs enfants ou petits-enfants ne doivent jamais accepter la médaille d'argent pour eux. L'histoire de ces deux dernières secondes jouées trois fois fait partie des plus grands scandales olympiques.

Les Américains et les Soviétiques sont dans des groupes différents ; ils ne pourront donc s'affronter qu'en demi-finale ou en finale.

Le Canada épate la galerie avec quatre victoires contre une seule défaite dans la ronde qualificative.

Il se qualifie pour la demi-finale contre les Américains. Ces derniers ont fini au premier rang de leur
groupe.

Les Soviétiques sont aussi les premiers de leur
groupe. C'est la seule équipe qui a battu le
Canada. On s'attend à une finale États-Unis–
URSS, et les Américains ont vraiment hâte de
venger les événements des Jeux précédents. Ils
en rêvent.

Mais il n'y a pas de revanche. La Yougoslavie éli-
mine l'URSS en demi-finale et c'est elle qui affronte l'équipe américaine. L'URSS doit se contenter de la finale pour la médaille de bronze contre
le Canada. Les joueurs canadiens ne ménagent
pas leurs efforts, mais ne peuvent décrocher de
médaille, terminant au quatrième rang. C'est tout
de même la meilleure performance canadienne en
sports d'équipe. Chapeau! Quant à la médaille
d'or, elle est facilement acquise par les Américains.

12

ON NE PEUT PAS TOUT PRÉVOIR…

Quand on organise des Jeux olympiques, on peut prévoir un certain nombre de choses à l'avance. Il y aura des athlètes très heureux, d'autres très malheureux, de grandes surprises et de fortes déceptions, des performances extraordinaires et quelques ratés, etc.

Par contre, il se produit toujours un certain nombre d'événements que personne n'avait prévus. Certains sont cocasses, d'autres un peu bizarres. Mais ils font partie de l'histoire.

Depuis quelques décennies déjà, les Jeux olympiques comprennent un volet « arts et spectacles ». À la Place Bonaventure de Montréal, « Mosaïcart » propose 600 œuvres représentant l'art visuel canadien. Au même endroit, « Artisanage » présente les objets produits par des artisans canadiens, comme des luthiers, céramistes, forgerons, joailliers, etc.

Dans un genre très différent, « Corridart » se veut un « corridor d'art » où des jeunes créateurs montrent une vision plus moderne de ce que l'art représente pour eux. Cette exposition publique et en plein air propose, sur 8 km de la rue Sherbrooke, les œuvres originales d'une soixantaine d'artistes.

Comme toute forme d'art non classique, l'exposition ne plaît pas à tous. Et surtout pas au maire Drapeau, dont les goûts sont plutôt traditionnels. La nuit du 14 juillet, des employés municipaux sont envoyés pour retirer toutes les œuvres de Corridart, de la façon la plus expéditive possible.

Les employés ne mettent pas de gants blancs : les œuvres les plus importantes sont carrément détruites. Le tout est envoyé à la fourrière municipale, où on met certains objets directement à la poubelle !

Les autorités prétextent l'utilisation illégale de l'espace public, sauf que l'exposition était annoncée depuis six semaines sur les autobus de la ville. La destruction de Corridart était probablement illégale, mais deux jugements sont favorables à Montréal. Douze ans plus tard, le nouveau maire de Montréal, Jean Doré, acceptera finalement de payer un léger dédommagement, mais la majorité de la somme va aux avocats. L'affaire fera longtemps jaser...

***

Lors des Jeux de Montréal, quelques athlètes demandent l'asile politique au Canada. Ils ne veulent pas rentrer chez eux, considérant que leur pays ne respecte pas leurs droits. Pour les athlètes provenant du bloc de l'Est, cela se comprend facilement : il s'agit de dictatures où la population doit toujours obéir au gouvernement.

Pourtant, de façon générale, peu d'athlètes de l'URSS demandent asile lors des compétitions internationales. Pourquoi ? C'est qu'ils savent que les autorités de leur pays se vengeront de leur « traîtrise » en s'en prenant aux membres de leur famille. Il est presque certain, par exemple, que ceux-ci perdront leur emploi, voire leur logement.

Malgré tout, un plongeur soviétique de 17 ans, Serguei Nemtsanov, s'enfuit du Village olympique et trouve refuge chez des connaissances, en Ontario. Cela se passe à peine trois jours avant la cérémonie de clôture. La délégation soviétique est furieuse et accuse le Canada d'enlèvement. La grand-mère du plongeur écrit même au premier ministre du Canada, Pierre Elliott Trudeau, et au CIO pour les supplier de lui rendre son petit-fils. Sans succès.

Il semble que Nemtsanov soit tombé amoureux d'une Américaine, plongeuse elle aussi, fille de millionnaire habitant à Cincinnati. Il l'avait rencontrée lors d'une compétition précédente. Elle est à Montréal comme spectatrice, ne s'étant pas qualifiée pour les Jeux. Lors d'une rencontre avec les officiels soviétiques, Nemtsanov leur dit qu'il n'a pas été enlevé. La délégation, au bord de la crise de nerfs, accuse le Canada de lui avoir « lavé le cerveau ».

L'Union soviétique menace de se retirer des Jeux. Ou de ne pas participer à la cérémonie de clôture. Ou de ne pas prendre part à la Coupe Canada, tournoi de hockey qui doit avoir lieu un mois plus tard. Mais, comme l'URSS organise les prochains Jeux d'été, elle se rend compte qu'un boycott ne serait pas très bon pour son image. Les menaces sont retirées.

Finalement, Nemtsanov rentre chez lui quelques jours après la fin des Jeux, sans guère d'explications. L'URSS a fini par lui pardonner, car il participe aux Jeux suivants, à Moscou, en 1980. Évidemment, à Moscou, le risque qu'il s'enfuie est faible...

**

Il y a aussi un Canadien qui a quitté le Village olympique précipitamment, mais pas pour les mêmes raisons. L'Ontarien Robert Martin, de l'équipe de relais du 4 × 100 mètres, a hébergé un ami en cachette dans le Village olympique. Le journal *Toronto Star* publie l'information et Martin est expulsé.

***

Il pleut beaucoup à Montréal au cours des cinq ou six derniers jours des Jeux. Tellement que... la flamme olympique s'éteint! Cela se produit le mardi 27 juillet, à 13 h 55. L'anneau supérieur du stade agissait comme une gouttière. Une forte quantité d'eau s'est donc retrouvée dans la vasque contenant la flamme olympique.

Par pur hasard, il s'agit du jour où les compétitions d'athlétisme font une pause d'une journée. Il n'y a donc ni athlètes ni spectateurs pour s'en apercevoir. Seulement un photographe et quelques employés.

Un de ces employés, prénommé Pierre, pense bien faire en rallumant la flamme avec son briquet. Les dieux de l'Olympe n'ont pas dû être contents! Il faut évidemment que la flamme parvienne directement de celle allumée à Olympie la semaine avant les Jeux.

On éteint donc la vasque et on la rallume avec la « vraie » flamme, entreposée dans un bureau du stade. Il est 14 h 57 et la « panne de flamme » a donc duré un peu plus d'une heure. Quant à Pierre, il a dû en entendre parler pendant un moment !

***

En 1976, le président du CIO est Lord Killanin, un Irlandais, mais la directrice générale s'appelle Monique Berlioux. Cette Française prend beaucoup de décisions importantes, peut-être même plus que Killanin lui-même.

Le jour même où la flamme olympique s'éteint brièvement, Mme Berlioux accorde une étrange interview à Radio-France. Elle affirme que les Jeux de Montréal « manquent d'âme ». Elle ajoute : « L'organisation n'a pas été à la hauteur des constructions. » Comme par hasard, les constructions ont été conçues par un architecte français, alors que les organisateurs sont québécois…

Elle reproche à Montréal de manquer d'esprit de fête, affirmant avoir « préféré le cachet des Jeux de Mexico et de Munich ». C'est une phrase particulièrement maladroite. À Mexico, dix jours avant l'ouverture des Jeux, la police et l'armée ont tiré sur des étudiants lors du « massacre de Tlatelolco ». Il y a eu plusieurs dizaines de morts, peut-être même quelques centaines. Et on ne peut pas oublier l'attaque terroriste pendant les Jeux de Munich, qui a fait douze victimes.

Mme Berlioux se désole que les Jeux de Montréal « se déroulent dans un carcan trop serré ». Elle devrait pourtant savoir que la sécurité a dû être fortement renforcée à Montréal à cause des malheureux événements de Munich.

Les critiques sur ses déclarations fusent de toutes parts. Même des députés français expriment leur désaccord. À Montréal, Louis Chantigny, chef de presse du Comité organisateur des Jeux olympiques, mentionne tous les efforts faits par la population canadienne pour que les Jeux soient réussis. Il signale que ce n'est pas vraiment une bonne idée de comparer les Jeux olympiques entre eux.

Mme Berlioux se retrouve isolée. À la conférence de presse de Lord Killanin, à la fin des Jeux, elle cache mal sa nervosité. Elle dit que ses paroles ont été sorties de leur contexte et cherche à préciser sa pensée, sans convaincre personne. Elle regrettera longtemps ses propos...

**

Animatrice très populaire d'une émission de fin de soirée à l'époque, Lise Payette en propose une version courte (30 minutes) pendant les Jeux. Elle interviewe les personnalités dont on parle le plus, y compris Nadia Comaneci et Michael Prévost. Beaucoup de ceux qui ont « raté » leurs Jeux parlent de « soulagement », disant qu'ils peuvent maintenant passer à une autre étape de leur vie, qui leur fera subir moins de stress.

Avant le début des J.O., Lise Payette convie les spectateurs à un jeu : déterminer le podium de la « gaffe olympique ». Les résultats seront annoncés après les Jeux. Sans trop de surprise, on découvre que Pierre remporte la médaille de bronze pour avoir rallumé la vasque olympique avec son briquet. Monique Berlioux, on s'y attendait, décroche la médaille d'or pour ses déclarations intempestives.

Et qui croyez-vous obtient la médaille d'argent de la gaffe olympique ? Lise Payette elle-même, pour avoir organisé ce concours...

13

ATHLÉTISME – UN FEU D'ARTIFICE CONTINU

On dit de l'athlétisme qu'il s'agit de la discipline reine des Jeux olympiques. C'est entièrement justifié : les épreuves d'athlétisme mettent en vedette courses, lancers et sauts. Des actions que l'on pratique depuis toujours. Il n'est pas étonnant que ce soit dans ce domaine que l'on voie la plus grande diversité de pays : les épreuves d'athlétisme sont les plus universelles qui soient.

La première finale est le 20 km marche. Elle met en vedette un des Québécois les plus connus dans le monde de l'athlétisme, Marcel Jobin. À cause du survêtement qu'il porte quand il s'entraîne dans les rues de Shawinigan, et aussi en raison de l'aspect un peu étrange de la marche olympique, on surnomme Jobin « le fou en pyjama ». L'épreuve consiste à marcher le plus rapidement possible, mais sans courir. Donc il faut toujours qu'un des deux pieds touche le sol.

Jobin est intimidé par les circonstances et finit 23e, mais il est tout de même heureux d'avoir participé aux Jeux olympiques. Il continuera la compétition et obtiendra une médaille d'argent aux Jeux du Commonwealth en 1982.

Le samedi 24 juillet a lieu la finale de l'épreuve reine des Jeux, le sprint de 100 mètres, qui dure à peine 10 secondes et des poussières. Les Américains veulent se reprendre pour l'énorme déception de Munich quatre ans plus tôt : un entraîneur avait le mauvais horaire et deux des trois sprinters américains (les deux meilleurs) ont raté la course quart de finale. Le troisième s'est présenté quelques secondes avant le départ et a remporté la médaille d'argent en finale.

Quel choc ! Malgré deux coureurs en finale, les Américains ne montent pas sur le podium. C'est un athlète de Trinité-et-Tobago, Hasely Crawford, qui gagne le sprint, à la surprise générale. C'est la première fois qu'un athlète de ce pays remporte une médaille d'or aux J.O.

Le dimanche 25 juillet est un véritable feu d'artifice. En quatre épreuves, trois records mondiaux sont battus !

Le Cubain Alberto Juantorena remporte le 800 mètres avec un nouveau record mondial. Ça ne semble pas lui suffire et quatre jours plus tard, il est aussi premier au 400 mètres. C'est la première fois qu'un athlète remporte le 400 et le 800 mètres aux mêmes Jeux.

Au 400 mètres haies, la médaille d'or va à l'Américain Edwin Moses. Il n'avait commencé à s'entraîner à cette épreuve que trois mois auparavant. Avec son record mondial, il finit loin devant le deuxième et est tellement content qu'il refait un tour de piste en courant. Après plus d'un tour, les officiels sont obligés de lui demander poliment de quitter la piste...

Chez les dames, quatre Allemandes sont de la finale du 100 mètres ! Il y en a deux de l'Ouest et deux de l'Est. La gagnante est de l'Ouest, Annegret Richter. Elle ne bat pas le record mondial, mais ce n'est pas grave, elle l'avait déjà battu deux fois : en quart de finale la veille et en demi-finale plus tôt dans la journée. Un record mondial par jour, c'est déjà beaucoup !

Après avoir assisté à trois records mondiaux le dimanche, les spectateurs en redemandent. Lundi, deux autres records sont battus. Au 800 mètres dames, la Soviétique Tatiana Kazankina passe de la 6e à la 1re place dans les 100 derniers mètres de la course, et améliore le record du monde de plus d'une seconde.

L'exploit du jour est réussi au javelot. Mais il faut d'abord revenir à la veille. Dans les qualifications, le Canadien Phil Olsen épate tout le monde avec un jet de 87,76 mètres. Il est troisième de tous les compétiteurs. En finale, le Hongrois Miklós Németh lance le javelot à 94,58 mètres dès son premier essai, battant le record mondial par un demi-mètre. On peut imaginer la mâchoire des autres concurrents tomber en voyant cet exploit.

Il ne leur reste plus qu'à se battre pour la deuxième place.

Le Canadien Olsen ne peut répéter son exploit de la veille. Il « mord » à ses deux premiers essais, c'est-à-dire que son pied dépasse la ligne réglementaire, et son essai ne compte pas. Il n'a alors plus qu'une chance et on imagine qu'il doit être extrêmement prudent, sinon ses trois essais auront été ratés. Son troisième jet est plutôt faible et Olsen finit au 11e rang. S'il avait juste réussi la même distance que la veille, il aurait eu la médaille de bronze.

Le Finlandais Lasse Viren réussit tout un exploit. En quatre jours, il remporte le 10 000 mètres et le 5 000 mètres. Avec les courses de qualifications, il a donc couru 30 km en une semaine. Ce n'est rien ! Le lendemain de la finale du 5 000 mètres, il prend le départ du marathon, où il mène une partie de la course, avant de finir cinquième.

Le mercredi, tout le monde suit avec intérêt le 110 mètres haies messieurs. Le Français Guy Drut est un des favoris et, comme Daniel Morelon en cyclisme, les spectateurs québécois se sont pris d'affection pour lui, car ce sont de grands champions qui peuvent accorder des interviews en français. La course est tellement serrée que les participants ne savent pas qui a gagné. Finalement, Drut regarde un officiel et se désigne lui-même du doigt en voulant dire : « C'est moi, vraiment ? » La France a sa première médaille d'or aux Jeux de Montréal.

Il faut souligner l'exploit de la Polonaise Irena Szewinska. À 30 ans, elle a déjà remporté six médailles olympiques lors des trois Jeux olympiques précédents. Elle a des médailles au relais 4 × 100 mètres, au 200 mètres, au saut en longueur et au 100 mètres. Mais, en 1976, c'est dans le 400 mètres qu'elle court. Non seulement elle gagne la médaille d'or, mais elle domine complètement la course, avec près de 10 mètres d'avance sur la deuxième, alors qu'il y a moins de 4 mètres entre la deuxième et la septième.

Le décathlon est l'occasion pour l'Américain Bruce Jenner de se faire connaître. Il ne la rate pas !

Après le premier jour, il est troisième avec 35 points de retard sur le meneur, l'Ouest-Allemand Guido Kratschmer. Mais Jenner connaît ses forces et sait qu'il est meilleur le second jour. Il annonce qu'il est déjà sûr de gagner. Il ne se trompe pas. Il finit avec plus de 200 points d'avance sur Kratschmer et devient instantanément célèbre.

Quinze ans plus tard, son deuxième mariage le fait entrer dans la famille étendue Kardashian, lui assurant de rester dans l'actualité. Et, 39 ans après les Jeux de Montréal, il annonce qu'il n'a jamais été à l'aise d'être un homme et souhaite à l'avenir être considéré comme une femme. Son nouveau prénom est Caitlyn. La nouvelle fait le tour du monde et contribue à l'acceptation des personnes dont l'identité sexuelle n'est pas traditionnelle.

Au relais 4 × 100 mètres messieurs, le Canada devait faire appel à son meilleur sprinter pour le dernier relais, mais il a été expulsé des Jeux. C'est Robert Martin, celui qui a hébergé son ami au

Village olympique. Avec un coureur moins expérimenté pour le remplacer, l'équipe canadienne se rend en finale, mais termine dernière. Sévère punition pour l'erreur de Martin.

En 1976, les Montréalais ne sont pas habitués à avoir un marathon dans leurs rues. Celui-ci, comme il se doit, commence et se termine dans le Stade olympique. Dans les journaux, on donne des conseils aux gens : ne laissez pas vos chiens sortir, restez sur le trottoir, ne donnez pas à manger ou à boire aux coureurs, et, surtout, ne les arrosez pas. La chaussée pourrait devenir glissante et dangereuse.

Lasse Viren mène une partie de la course, puis l'Américain Frank Shorter le dépasse. Mais c'est un inconnu qui entre le premier dans le stade pour aller chercher la médaille d'or : l'Est-Allemand Waldemar Cierpinski. Il répétera son exploit quatre ans plus tard, aux Jeux de Moscou.

Cierpinski a couru tellement vite que l'on a dû accélérer la remise des médailles du relais

4 × 400 mètres dames. Il fallait terminer cette cérémonie avant que le marathonien ne finisse sa course. Comme les relayeuses sont également de la RDA, Cierpinski entre dans le stade alors que l'on joue son propre hymne national! Les médaillées quittent la piste à peine cinq secondes avant le passage du marathonien.

Au saut en hauteur, on a beaucoup d'espoirs pour la Canadienne Debbie Brill. Dick Fosbury avait développé un style de saut sur le dos, le « Fosbury Flop ». Brill a fait de même avec le « Brill Bend ». Aux qualifications, il faut sauter 1,80 mètre pour se rendre à la finale. Brill commence à 1,75. Son entraîneur dit qu'elle peut réussir cette hauteur « même en vêtements de ville ». Mais pas ce jour-là. Brill rate ses trois essais et ne sera pas de la finale.

La finale du saut en hauteur masculin est sûrement l'épreuve d'athlétisme dont on se souvient le mieux. L'Américain Dwight Stones déclare qu'on ne devrait même pas se donner la peine de tenir la compétition, on peut tout de suite lui donner la médaille d'or. Mais son style n'est pas efficace si le sol est mouillé. Alors, quand le temps vire à la pluie, il critique les « Canadiens français » de ne pas avoir fini le toit du stade.

M. Stones devrait lire le règlement : même si le stade était entièrement fini, il serait interdit de déployer le toit, car les compétitions d'athlétisme doivent se dérouler à ciel ouvert. Ses déclarations le rendent très impopulaire au Québec. Pour se faire pardonner, il porte à la finale un chandail où il est écrit « I Love French Canadians » (« J'adore les Canadiens français »).

Peine perdue, il se fait huer malgré tout. Pour se venger, les nombreux Américains dans la foule huent les sauteurs canadiens. Cela a affecté Robert Forget, incapable de se qualifier, mais aussi Claude Ferragne, éliminé rapidement en finale.

Le troisième sauteur canadien, Greg Joy, n'a plus qu'une chance pour franchir 2,23 mètres. S'il rate, il finit quatrième. Il prend sa course d'élan, saute, passe la barre et le stade explose de joie. Même la juge ne peut se retenir d'applaudir. Ce saut lui vaudra la médaille d'argent. Voilà le héros que le Canada espérait pour ces Jeux! Stones doit se contenter de la médaille de bronze et se fait encore huer lorsqu'il la reçoit. Joy est un peu mal à l'aise, à côté de Stones.

Pour le Canada entier, dont aucun athlète n'a remporté de médaille d'or, c'est le plus beau moment de ces Jeux. L'image de Joy qui passe la barre et qui saute de joie devient une icône nationale.

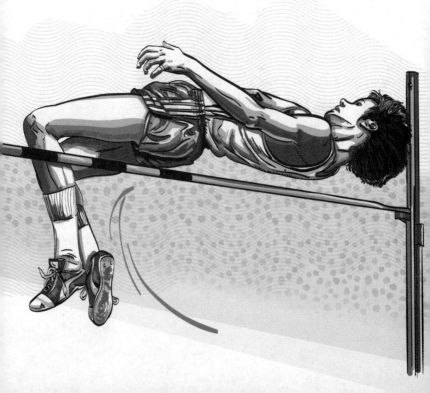

14

TOUTE BONNE CHOSE
A UNE FIN

Le dimanche 1ᵉʳ août, les Jeux se terminent. Avant la cérémonie de clôture, tradition oblige, il reste une compétition : le Grand Prix des Nations. C'est une épreuve équestre de saut d'obstacles, comme celle où Michel Vaillancourt a remporté la médaille d'argent, mais cette fois c'est par équipes.

On peut encore rêver. Il y a huit ans, à Mexico, le Canada n'avait aucune médaille d'or au dernier jour. Mais l'équipe d'équitation avait justement remporté le Grand Prix des Nations ! Aujourd'hui, deux des trois cavaliers sont les mêmes qu'à Mexico. Le seul qui n'y était pas, c'est le nouveau médaillé Michel Vaillancourt.

La compétition doit avoir lieu au Stade olympique, mais après deux semaines de soccer, d'athlétisme et de pluie, la pelouse est dans un état pitoyable.

Le dernier match de soccer a eu lieu la veille, on n'a donc pu commencer à préparer le terrain qu'à partir de minuit.

Le samedi, on envisage de déplacer l'épreuve à Bromont, tellement le gazon est en mauvais état. Mais on a vendu 70 000 billets au stade. On demande à celui qui a conçu le parcours de le modifier pour tenir compte des conditions. Il travaille toute la nuit. Les endroits les plus endommagés sont évités, et certains obstacles sont abaissés pour être plus faciles à franchir.

À l'heure prévue, le terrain est prêt et les cavaliers s'élancent. Les chevaux ont du mal à sauter, car le gazon semble coller à leurs sabots. Et au fur et à mesure du passage des montures, le terrain se dégrade. On répare avec du sable. Après le premier tour, le terrain est moitié gazon, moitié sable et moitié boue. Ça fait beaucoup de moitiés... Mais le Canada est troisième ! Seulement 4 points derrière les deux premiers, ce qui correspond à un seul obstacle raté de plus.

Le second tour se passe moins bien et les cavaliers canadiens ratent le podium par un point et demi. S'ils avaient juste fait tomber un obstacle de moins, ils auraient eu le bronze. Parmi les concurrents déçus se trouve Ian Millar, 29 ans, qui en est à ses premiers Jeux olympiques. Il se qualifiera pour onze Jeux consécutifs et gagnera sa première médaille à 61 ans, en 2008, à Beijing, en Chine. Ça, c'est de la détermination!

***

Le Comité organisateur des Jeux olympiques a tenu un concours pour la chanson de fermeture. Pendant les Jeux, les dix chansons finalistes ont été présentées à l'émission de Lise Payette par leur interprète, une par jour.

C'est *Je t'aime* qui l'emporte, écrite par Jean Robitaille, composée par Christian Saint-Roch et interprétée par Estelle Sainte-Croix. La chanteuse de 21 ans est peu connue du grand public, mais est choriste pour le collectif musical Ville Émard Blues Band. Elle a aussi accompagné les chanteurs

Gino Vanelli, Diane Dufresne et Luc Cousineau, entre autres, sur disque et en spectacle.

Dans cette chanson, on entend les mots « Je t'aime » en 19 langues, dont l'inuit et le créole, mais aussi en japonais, hébreu, arabe et norvégien. L'auteur, Jean Robitaille, à une époque où Internet n'existait pas, a dû téléphoner aux ambassades de plusieurs pays pour leur demander comment on dit « je t'aime » dans leur langue. Certains croyaient qu'il s'agissait d'une blague.

***

Au début des cérémonies de clôture, 500 danseuses forment des anneaux olympiques blancs. Puis, lorsqu'elles retournent leur cape, les anneaux prennent leur couleur habituelle. Les porte-drapeaux de chaque pays, dont Greg Joy pour le Canada, apparaissent alors, suivis par tous les athlètes. Contrairement à la cérémonie d'ouverture, ils ne sont pas regroupés par pays. Ils arrivent pêle-mêle, pour montrer l'union de tous les pays.

Les drapeaux de la Grèce, du Canada et de l'URSS, site des prochains Jeux, sont hissés. Lord Killanin proclame la clôture des Jeux et le drapeau olympique est descendu. Les spectateurs ont le cœur lourd. « C'est déjà fini ? On aurait voulu que ça continue. » Après l'hymne olympique, une chorale de 150 voix interprète la chanson de clôture. « Je t'aime, Yes I Love You, Ich liebe dich, Miluji tě... », entonnent les voix, alors que dans la foule, plusieurs écrasent une larme.

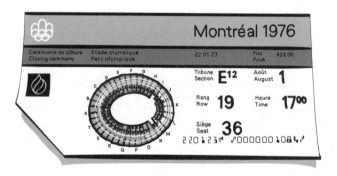

Le stade s'éteint. Seule la flamme olympique l'éclaire toujours. Le jazzman montréalais Maynard Ferguson joue un mélancolique solo de trompette. Dès qu'il a terminé, la flamme s'éteint.

On a alors droit à une nouveauté : en direct de Moscou, site des prochains Jeux, on a des images de la ville, des stades, des rues, etc. De retour à Montréal, des danseurs des 15 républiques soviétiques se joignent aux danseurs amérindiens.

Les 500 danseurs allument chacun une bougie, puis ce sont les 70 000 spectateurs qui font de même. Sur le terrain, la danse se poursuit longtemps, comme si personne ne voulait que ça se termine. Les 16 jours inoubliables touchent à leur fin, et chacun gardera en tête des images merveilleuses de cet événement exceptionnel.

ÉPILOGUE

Les Jeux olympiques de Montréal sont les premiers où le pays organisateur ne remporte pas une seule médaille d'or. Les Jeux, d'hiver cette fois, seront de retour au Canada en 1988, à Calgary. Ce sera alors la première fois que le pays hôte ne remporte aucune médaille d'or aux Jeux d'hiver. Décidément !

Par contre, à Vancouver en 2010, le Canada établit un nouveau record pour le plus grand nombre de médailles d'or remportées par le pays hôte aux Jeux d'hiver. Le skieur acrobatique québécois Alexandre Bilodeau devient le premier athlète canadien à remporter une médaille d'or olympique sur le sol canadien.

***

À Montréal, on découvre les fortes sommes que les Jeux ont coûtées. Une commission d'enquête est créée, présidée par le juge Albert Malouf. Dans ses conclusions, Malouf blâme surtout le maire Drapeau pour le dépassement des coûts, mais aussi l'architecte Taillibert. Drapeau conteste les conclusions de Malouf et promet d'y répondre dans un livre, mais il ne l'a jamais fait.

Le déficit des Jeux est payé grâce à une taxe sur les cigarettes. La dette est complètement effacée en novembre 2006, 30 ans après les Jeux. Le coût total a été de 1,6 milliard de dollars.

La tour et le toit du Stade olympique sont terminés en 1987. C'est la plus haute tour penchée au monde. Jusqu'en 1982, la toile était entreposée à Marseille, en France. Il a fallu la découper pour la transporter jusqu'à Montréal, puis il a fallu la recoudre. En 1998, on a dû remplacer le toit. On en profite pour changer la couleur : le bleu succède à l'orange.

De son côté, le vélodrome était peu utilisé. En 1989, on a commencé les travaux pour le convertir en biodôme, « musée vivant » inauguré en 1992. Il permet de découvrir différents écosystèmes de la planète, forêt tropicale humide, régions subpolaires et autres. On a aussi envisagé de transformer la piscine olympique en parc aquatique, mais ce projet a été abandonné.

***

L'héritage des Jeux de Montréal, c'est heureusement plus que le déficit et le stade. Le Canada a découvert le sport d'élite et y a trouvé un grand intérêt. On n'a pas pu en voir l'impact en 1980, car le Canada a participé à un boycott massif des Jeux de Moscou, pour des raisons politiques liées à l'invasion de l'Afghanistan par l'URSS.

Mais en 1984, à Los Angeles, le Canada devient une puissance mondiale. Il remporte 44 médailles, dont 10 en or. On se rappelle particulièrement la Québécoise Sylvie Bernier en plongeon. C'est la première fois depuis le boxeur Bert Schneider, en 1920, qu'un athlète québécois remporte une médaille d'or aux Jeux d'été. Schneider était né aux États-Unis, mais a grandi à Montréal.

Le Canada ne remportera jamais autant de médailles par la suite, mais continuera d'avoir des résultats bien meilleurs qu'avant les Jeux de Montréal. Cet événement a fourni l'élan nécessaire pour que le pays devienne une puissance olympique.

À Montréal, la reine des Jeux a évidemment été Nadia Comaneci. Et le héros canadien fut sans contredit Greg Joy, qui a remporté sa médaille devant 70 000 spectateurs.

L'ado qui a visité le stade avant le début des Jeux n'en a pratiquement pas manqué une minute. C'est un souvenir qui est encore intact dans sa mémoire. Et, près de 40 ans plus tard, il a l'énorme chance d'écrire ce livre pour faire partager à ceux qui n'y étaient pas les grandes émotions qu'il a vécues. Ses héros à lui sont John Wood, le Canadien qui est passé le plus près d'une médaille d'or, et Nancy Garapick, la seule parmi les athlètes du pays hôte à avoir remporté deux médailles individuelles. Merci pour ces grandes émotions !

LES JEUX OLYMPIQUES
DE MONTRÉAL EN CHIFFRES

Nombre de sports :
21, soit athlétisme, aviron, basket-ball, boxe, canoë/kayak, cyclisme, équitation, escrime, football, gymnastique, haltérophilie, handball, hockey, judo, lutte, natation (incluant plongeon et water-polo), pentathlon moderne, tir, tir à l'arc, voile, volley-ball

Nombre d'épreuves : **198**

Nombre d'athlètes :
4 915 hommes et **1 274** femmes,
total **6 189** athlètes

Nombre de pays : **92**

Nombre de billets vendus : **3 187 173**

Classement des pays pour les médailles, selon les médailles d'or :
1. Union soviétique **49** (total **125**) ;
2. Allemagne de l'Est **40** (total **90**) ;
3. États-Unis **34** (total **94**) ;
27. Canada **0** (total **11**).

Classement des pays pour les médailles, selon le total :
1. Union Soviétique **125** ;
2. États-Unis **94** ;
3. Allemagne de l'Est **90** ;
13. Canada **11**.

Plus de médailles chez les hommes :
Nikolai Andrianov, gymnaste (URSS), **7** médailles (**4** en or, **2** en argent, **1** en bronze)

Plus de médailles chez les dames :
Kornelia Ender, nageuse (RDA), **5** médailles (**4** en or, **1** en argent) ;
Nadia Comaneci, gymnaste (Roumanie), **5** médailles (**3** en or, **1** en argent, **1** en bronze) ; Shirley Babashoff, nageuse (États-Unis),
5 médailles (**1** en or, **4** en argent)

Plus de médailles pour le Canada : **2** médailles de bronze pour les nageuses Debbie Clarke, Nancy Garapick, Anne Jardin et Becky Smith

Plus vieil athlète :
Owen Phillips, tireur à la carabine (Belize), **70** ans et **10** jours

Plus vieil athlète masculin canadien :
Alex Oakley, marche olympique, **50** ans, **2** mois et **27** jours (il s'agit de ses cinquièmes Jeux olympiques)

Plus vieille athlète féminine canadienne :
Fleurette Campeau, escrime (fleuret), **35** ans, **6** mois et **17** jours (elle a vraiment un nom prédestiné !)

Plus jeune athlète :
Antonia Real, nageuse (Espagne), **12** ans, **10** mois et **6** jours

Plus jeune athlète féminine canadienne :
Karen Kelsall, gymnaste, **13** ans, **7** mois et **7** jours

Plus jeune athlète masculin canadien :
Daryl Skilling, nageur, **16** ans, **3** mois et **7** jours

CHRONOLOGIE

776 av. J.-C.   *Premiers Jeux olympiques antiques*
                       à Olympie, en Grèce

773 av. J.-C.   Mort de Chéchonq III, pharaon de la
                       XXIIe dynastie, puis roi de Tanis

393   *Derniers jeux olympiques antiques, qui*
                       seront supprimés par l'empereur romain
                       Théodose 1er l'année suivante

394   Inscription des plus récents hiéroglyphes connus,
                       trouvés dans le temple d'Isis, en Égypte

1896   *Premiers Jeux olympiques modernes,*
                       à Athènes, en Grèce, du 6 au 15 avril.
                       241 athlètes de 14 pays participent
                       à 43 épreuves dans 9 sports

1896   Premier accident de voiture mortel. À Londres,
                       en Angleterre, Mme Bridget Driscoll est renversée
                       et tuée par une voiture qui roulait à moins de
                       13 km/h.

1970   *Le Comité international olympique accorde*
                       les Jeux d'été de 1976 à Montréal.

1970   Lancement officiel de Loto-Québec, à l'occasion du
                       Carnaval de Québec

17 juillet 1976 *Cérémonies d'ouverture des Jeux*
                       de la XXIe olympiade, à Montréal, les premiers
                       Jeux olympiques à se dérouler au Canada

20 juillet 1976 La sonde Viking 1 se pose sur la planète Mars. Il
s'agit de la première sonde qui atteint la planète
rouge et y fonctionne avec succès (des sondes
soviétiques avaient raté leur mission en 1971 et en
1973). Viking 1 enverra des centaines de photos
de Mars à la Terre et fonctionnera pendant 6 ans.

1ᵉʳ août 1976 *Cérémonies de clôture des Jeux de la
XXIᵉ olympiade, à Montréal. Le Canada a
obtenu 11 médailles, soit 5 d'argent et
6 de bronze. C'est le premier pays hôte qui
ne gagne pas une seule médaille d'or.*

5 août 1976 L'horloge Big Ben à Londres (Angleterre) souffre
de son seul bris majeur (à ce jour). Une pièce se
brise pour cause d'usure après plus de 100 ans
d'utilisation, causant le détachement de gros
morceaux de métal et la destruction d'une
grande partie du mécanisme. Big Ben ne sera
complètement réparé que neuf mois plus tard.

6 juillet 1977 *Plus grande foule payante de l'histoire du Stade
olympique : 78 322 spectateurs pour un
spectacle de Pink Floyd*

16 juillet 1977 Première course de Gilles Villeneuve en Formule 1,
avec l'écurie McLaren, au Grand Prix automobile
de Grande-Bretagne

6 septembre 1977 *Plus grande foule de l'histoire du Stade
olympique pour un sport professionnel: 69 083
pour un match de football entre les Argonauts
de Toronto et les Alouettes de Montréal*

Du 3 au 5 septembre 1977 Les panneaux routiers du Canada
sont convertis au système métrique

MÉDIAGRAPHIE

Livres

Collectif, *Jeux de la XXIe Olympiade Montréal 1976*, Rapport officiel du Comité Organisateur des Jeux Olympiques, Ottawa, COJO 76, 1978.

Édouard Seidler, *Le Grand Livre des Jeux Olympiques. Montréal 1976*, Künzelsau (Allemagne), Calmann-Lévy, 1976.

Collectif, *Montréal 76-. L'ouvrage illustré sur les Jeux Olympiques de 1976*, Montréal, proSport, 1976.

Site Internet

Les lecteurs qui souhaitent avoir plus de renseignements sur les Jeux olympiques de Montréal sont invités à visiter le site officiel du comité olympique international : <www.olympic.org/fr/montreal-1976-olympiques-ete>. Sur ce site, sous l'onglet « Rapports officiels », on peut télécharger gratuitement (et légalement) une version numérique de la version française des trois tomes du rapport officiel des Jeux de Montréal.

LES COLLABORATEURS

Enfant, **Jean-Patrice Martel** voulait être médecin ou joueur de hockey. Il n'est devenu ni l'un ni l'autre, mais il a continué à être passionné autant par le sport que par l'histoire du sport. Il possède toujours le petit livre dans lequel, à l'époque, il a inscrit les résultats de chacune des épreuves des Jeux olympiques d'été de 1976, à Montréal. Membre, puis président de la Société internationale de recherche sur le hockey, il a coécrit un livre sur les origines du hockey dont on a parlé dans plusieurs pays, jusqu'en Australie! Auteur du livre jeunesse *Raconte-moi les Canadiens*, son plus grand plaisir est de raconter des histoires vraies.

Josée Tellier a toujours été passionnée par l'illustration, depuis la maternelle! Très tôt, elle savait qu'elle gagnerait sa vie dans ce domaine. Avec son rêve en tête, elle s'exerçait à dessiner tous les jours, ce qui lui vaudra plusieurs prix dans divers concours régionaux. Cet intérêt pour les arts l'amènera à poursuivre des études en graphisme. Des projets variés s'ajouteront à son portfolio au fil des années: des collections de mode pour les jeunes, des expositions et plusieurs couvertures de romans jeunesse, dont celles de la populaire série *Le journal d'Aurélie Laflamme* d'India Desjardins.

TABLE DES MATIÈRES

DANS LA MÊME COLLECTION

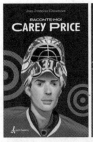

Jean-François Chaumont

RACONTE-MOI
CAREY PRICE

Emma Déland-Grenier

RACONTE-MOI
MARIE-MAI

Xavier S. Radom

RACONTE-MOI
RENÉ LÉVESQUE

Albert Ladouceur

RACONTE-MOI
LES NORDIQUES

Alexandra Firmont

RACONTE-MOI
JULIE PAYETTE

François Perreault

RACONTE-MOI
PIERRE ELLIOTT TRUDEAU

Patrick Delisle-Crevier

RACONTE-MOI
JOEY SCARPELLINO

Jean-Patrice Martel

RACONTE-MOI
LES CANADIENS

Patrick Delisle-Crevier

RACONTE-MOI
CÉLINE DION

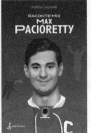

Jessika Lapinski

RACONTE-MOI
MAX PACIORETTY

Suivez-nous sur le Web

Consultez nos sites Internet et inscrivez-vous à l'infolettre pour rester informé en tout temps de nos publications et de nos concours en ligne. Et croisez aussi vos auteurs préférés et notre équipe sur nos blogues !

EDITIONS-PETITHOMME.COM
EDITIONS-HOMME.COM
EDITIONS-JOUR.COM
EDITIONS-LAGRIFFE.COM

Cet ouvrage a été achevé d'imprimer
sur les presses de Marquis Imprimeur inc.